大风起兮见致乡

乡村振兴的联众之路

余学兵 著

浙江工商大学出版社 · 杭州

图书在版编目(CIP)数据

大风起兮见故乡:乡村振兴的联众之路 / 余学兵著.
—杭州:浙江工商大学出版社,2020.7
ISBN 978-7-5178-3908-8

Ⅰ. ①大… Ⅱ. ①余… Ⅲ. ①乡村旅游—休闲旅游—旅游业发展—研究—浙江 Ⅳ. ①F592.755

中国版本图书馆 CIP 数据核字(2020)第098558号

大风起兮见故乡——乡村振兴的联众之路
DAFENG QI XI JIAN GUXIANG——XIANGCUN ZHENXING DE LIANZHONG ZHI LU
余学兵 著

出品人	鲍观明
策划编辑	沈 娴
责任编辑	郭昊鑫 沈 娴
封面设计	观止堂_未 氓
责任印制	包建辉
出版发行	浙江工商大学出版社 (杭州市教工路198号 邮政编码310012) (E-mail:zjgsupress@163.com) (网址:http://www.zjgsupress.com) 电话:0571-88904980,88831806(传真)
排 版	杭州朝曦图文设计有限公司
印 刷	杭州高腾印务有限公司
开 本	710mm×1000mm 1/16
印 张	14
字 数	187千
版印次	2020年7月第1版 2020年7月第1次印刷
书 号	ISBN 978-7-5178-3908-8
定 价	68.00元

浙江工商大学出版社营销部邮购电话 0571-88904970

2006年10月，在北京人民大会堂，时任全国人大常委会副委员长许嘉璐(右)为浙江联众乡村资源开发有限公司颁发了“2006全面小康与新农村建设——中国十大贡献企业”奖(资料图片)

余学兵(前排右一)和朱敏(前排左一)在下南山考察(周　凯　摄)

余学兵（左二）和顾益康（右二）、杨广亭（左一）在西安考察（资料图片）

位于贵州麻江县的“欢庭·蓝莓庄园”是联众首个省外项目(罗贵明 摄)

位于浙江安吉的“欢庭·山水统里”是联众的第一个度假综合体项目(资料图片)

位于浙江富阳龙门古镇的“欢庭·龙门印象”是联众的第一个古镇古村项目(资料图片)

位于浙江余杭径山镇的“村回·止溪”是经典文艺＋农场民宿(江海洋 摄)

位于浙江临安天目山镇的“城仙居·九思湖畔”乡村改造项目是联众模式的起点

位于浙江安吉的“欢庭·赋石山居”项目是利用赋石水库闲置房屋改建而成的(余学兵 摄)

天目山深处的中国美丽乡村——西坑云海(蒋福寿 摄)

联众会员度假(刘文友 摄)

女儿在开化老屋(现已经拆除)前。乡村老屋,是我们出发的地方(余学兵 摄)

序一

联众*为什么总被模仿却永远无法被超越

刘　亭

新冠疫情肆虐，我在家“闭关自守”。在这个非常时刻，我收到了学兵贤弟的一本书稿。他说叨扰我一下，多少为他写几句话，做个序，以为老朋友对他事业的一点支持。

轮到我，倒让我有点受宠若惊了。

我和联众董事长余学兵的交情，不像朱子一他们是余总的“把兄弟”，他们和余总的事业风雨相随十多年，是真正的大功臣，请他们作序再恰当不过了。而我和余总的相识相熟，则全缘于面谈后思想上的沟通和志趣上的相投。

2017年11月，联众举办一年一度的乡村振兴产业峰会，邀我去做个演讲。之前我的同学于小平，曾向我提起余总和他的联众事业，我当时听了就很感兴趣。由于他的实践和我一直跟踪的城市化研究颇有渊源，我便答应出席，并做了一个《乡村振兴和休闲旅居》的发言。在我来看，无论是乡村振兴战略，还是之前的建设新农村，根本问题都在于怎么样才能让农民“生活富裕”，而达成这一美好愿望的根本路径在于怎么样才能让农村“产业兴旺”。

---

* 2004年成立杭州联众农业技术开发有限公司，2008年发展为联众休闲产业集团有限公司，旗下有浙江联众休闲度假有限公司及其投资的浙江联众乡村旅游发展股份有限公司、浙江联众乡村资源开发有限公司、杭州欢庭酒店管理有限公司、杭州春地民宿管理有限公司等公司(上述公司在文中出现皆简称联众)。

遵循“绿水青山就是金山银山”的理念，对于广大山区和乡村而言，就是要发展以四大业态为表征的生态经济：生态农业、生态旅居业、生态加工业（与“供销”和“劳动力”大进大出的规模制造业正好相反）、生态文创业（依托数字信息网络进行生产的内容产业）。

但是，产业发展要落地，就要解决农村土地使用的问题，否则就会变成空中楼阁。“巧妇难为无米之炊”，面对“铁板一块”的僵化农地模式，在所有人摇头叹气、一筹莫展的时候，余总的“九思模式”横空出世了。他的这把“金钥匙”，开启了已经锈蚀几十年的中国农地之锁，为乡村振兴开辟了一条新的道路。

在解读联众这一路走来的所有模式迭代创新中，我认为余总最厉害的在于牢牢抓住了农村土地使用权流转经营这个“牛鼻子”。乡村想要振兴，无非是要解决“人往哪里去，钱从哪里来”这两大问题。人往哪里去？出路在于城市化。农村大多数的人，终究会随着这一洪流进城、落户，转化为城市居民。那留在农村的小部分人呢？在这一大背景下，他们会转型为新农人（农业工人或农场主）、“二地主”（耕地承包权人、集体建设用地出租权人、宅基地资格权人），还有一些成为农村二、三产业或融合产业的经营者或就业者。

至于钱从哪里来，除了出卖劳动力商品获得收入以外，最核心的是要增加农民变身为“二地主”的财产性收入。耕地的适度规模经营，国家对种粮大户、专业农户和农场主的扶持，已经把生态农业的业态问题给解决了。但农村的生态旅居业、生态加工业和生态文创业呢？

余总从僵化模式的缝隙中，杀出了一条市场化振兴乡村的“血路”。一个创新模式，一个百年基业，不能建立在沙滩上。而这条路恰恰是联众模式的底气所在和理论根基。

2017年联众乡村振兴产业峰会过后，我成了联众模式的关注者和研究者。其间因为抱团养老和老年智谷的事，余总还亲自陪我去看了一些样板，并解释他们是如何选址的。在这些近距离的接触中，我逐渐了解了余总的所思所想、所喜所忧和所作所为。我反复思考，联众为什么总被模仿却永远无法被超越？除了抓住了根本，且"咬定青山不放松"以外，余总的行事做派完全符合中国古代哲学中的三大成功要素。

就"取势"而言，余总和他的联众事业，总是和人类社会发展的大趋势相吻合，并与党和国家一系列的大政方针相适应。无论是工业化、市场化、城市化这些近现代人类社会发展的大趋势，还是数字化、生态化、人文化等21世纪以来的新趋势，包括"大健康＋老龄化"这些他所投身的行业的发展趋势，他都了然于心，成竹在胸。联众成立16年来，有多少同行销声匿迹，不见了踪影，但联众仍然生气勃勃、欣欣向荣，正是因为联众顺应了乡村振兴的大战略、全民健康的大潮流，抓住了"银发经济"、乡村休闲度假和康养的大产业带来的机遇。

就"明道"而言，余总和他的联众事业，坚持两条原则：一是"市场＋创新"；二是"情怀＋公益"。做企业，总是要面向市场经营的。余总作为从山沟里走出来的农村孩子，有醇厚深沉的土地情结，有朴实憨厚的待人之道，这本不足为怪，但他能如习近平总书记所说，"跳出'三农'抓'三农'"，"统筹城乡'兴三农'"，就难能可贵了。我曾专门就联众模式写过一篇文章，结束语是这样一段话："从乡村资源运营到农地改革深化，其中作为主线贯穿始终并起到乡村资源优化配置决定性作用的，正是'三权(所有权、承包权、经营权)分置、活化运营'的市场化。我们需要市场化的'乡村振兴'！"

市场千变万化，想要在这激烈的竞争中胜出，经营持续创新才是王道。市场竞争无非是"十六字诀"："人无我有，人有我廉，人廉我优，人优我新。"说到底，还是要靠生生不息的持续创新。读完余总这本类似于自传的创业史书稿，我可以很清楚地感受到他与时俱进的心路历程：无时无刻，他不在"冷眼向洋看世界"，绝不被前进路上的任何一个胜利遮住眼；曾几何时，他又"热风吹雨洒江天"，推出顺势而为的创新模式，走向下一个螺旋式上升的全新起点。

商场即战场，企业家在无情的市场竞争中，是要纵横捭阖、杀伐决断的，但企业家又不是杀红了眼的战争狂人，只知道血流成河、尸横遍野。中国式的儒商是有理想、有情怀的。想要农民富，想要老人福；想要农村美，想要老人乐：这就是余总的日思夜虑、梦寐以求。“君子爱财，取之有道”，在为农民和老人谋福利的过程中赢利，再把钱撒向乡村振兴和老年康养事业，这就是联众的“道法自然”！

就“优术”而言，余总和他的联众事业，通过“人、钱、地”三位一体通盘运筹，小中见大，最后做到顺风顺水，财源广进。联众把个人土地使用权剥离出来，让它在市场化经营中活化、生利、变现。地活了，房就可以活；房活了，业就可以活；而业活了，投资、运营、就业、经营的人，也都活了。人聚人、钱生钱，20万人之众的“铁粉”客户群体，长城内外、大江南北的项目载体和生意伙伴，联众果如其名号所谓“联合众人”，做成了“众人之事”。

企业家是善借市场之力，能精巧配置资源，从而兴业致富的能人和高人。余总就是我理解和看重的名副其实的企业家。繁多的数据早已证明，联众是乡村休闲度假产业的排头兵、领头雁。但余总仍不满足，他还要做好包括乡村文化旅游及康养在内的“投资、运营、规划（设计）、培训、营销、互联网”六大服务平台。

根本点的明晰和坚定，以及“势、道、术”的浑然一体，大概就是我对文题——“联众为什么总被模仿却永远无法被超越”的一个回答吧！

初读而已，略有所悟，是为序。

序二

与美丽乡村共振

顾益康

“绿水逶迤去，青山相向开。”在充满希望的之江大地上，从来不乏传奇故事。当时光流转到21世纪，新世纪曙光洒在这片神奇的土地上。

习近平总书记在浙江工作期间，经过调研，早在2003年就谋划实施了以农村人居环境改善和生态建设为重点，造福千万浙江农民的“千村示范、万村整治”工程；并在工程推进现场会上提出要把整治村庄与经营村庄结合起来，要让绿水青山越来越美，金山银山越来越大，走美村富民新路子；还强调要建立健全政府主导、农民主体、部门协作、企业参与、市场运作的建设机制。

“绿水青山就是金山银山”的“两山”重要理念，就此开创了美丽乡村建设的新征程。由此，之江大地上率先奏响了从“千万工程”到美丽乡村建设再到实施乡村振兴战略的中国乡村复兴的“三部曲”。

当我们正积极地探索整治乡村与经营乡村相结合的新路子和企业参与、市场运作的建设新机制之时，联众推出的“城仙居”项目引起了我的极大兴趣。

这一项目竟然如此简单地以宅基地的“三权（所有权、资格权、使用权）分置”破解了当时困扰我的农民多余住房“为什么只能养老鼠”“农民自己进城务工没住房，只能住在与老鼠为伴的城市地下室里”的“两只老鼠”的困境！

以此为发端，时任浙江省农办分管“千万工程”的副主任的我，便与创造这一“城仙居”模式的联众和余学兵董事长结下了不解之缘。

将九思村农民房改造后一次性出让给市民30年使用权的创意，以及随后在美丽乡村首创地安吉实施的利用村集体所有土地住宅而投资建设的“山水统里”乡村度假酒店项目，都让我对联众和余学兵刮目相看。他们在实现农民宅基地“三权分置”改革之后，居然又闯出了让农村集体土地入市的创新路径。真可谓浙江民间有高手啊！

我曾在全国“村长”论坛等重要场合介绍联众和余学兵“与潮共舞”的经验，也随时关注着他们与时俱进的创新发展进程，发现他们确实是用市场化方法和模式解决美丽乡村建设与经营中的众多问题、矛盾的高手。当政府部门在思考美丽乡村建设中要注重对历史文化古村落加以保护和合理开发的时候，我们发现联众已经在丽水的莲都区着手对下南山这一已经严重空心化的历史古村落进行保护修复和活化的试验，下南山也由此成为全国各地领导争相参观考察的“网红”古村落。

随着浙江“千万工程”和美丽乡村建设经营走向全国和实施乡村振兴战略新时代的到来，具有推进美丽乡村建设和乡村振兴先行经验的联众董事长余学兵成为全国各地领导的座上宾。2018年，时任西安市委书记王永康专门邀请余学兵董事长给全市党政干部做乡村振兴主题报告，2019年又聘请其为大西安乡村振兴规划团队专家；贵州省黔东南州特邀联众去考察，双方合作建设的“欢庭·蓝莓庄园”项目成为贵州乡村振兴和一、二、三产业融合发展的样板项目；联众还应邀在海南省博鳌镇实施沙美村的美丽乡村规划与建设项目。与此同时，联众趁着城乡融合发展和全民康养新时代的东风，又成为乡村康养产业的探索者，海盐的“欢庭·丰义星院”和建德的“城仙居·乐龄大洋”这两个乡村康养项目，都是乡村康养的标志性项目。

可以说，从2004年到2020年这16年的发展轨迹来看，联众从一个农业公司发展为乡村地产商，再发展成美丽乡村资源运营商，又发展成乡村休闲度假龙头企业，进而成为乡村康养产业的发展商。

2019年，一年一度的联众乡村振兴产业峰会在杭州香格里拉饭店大会堂召开，会场高朋满座、热度空前，产、学、研、政、商各界人物皆有，这表明联众已经实现了从农村地产投资商到美丽乡村运营商再到乡村振兴战略商的“三级跳”式的转型升级。

我发现联众在公司的三个五年发展过程中，真正做到了“我们一直被模仿，却从未被超越”。联众的秘诀在哪里？我以为最重要的有四条。

第一，联众人是顺势而为、勇立潮头的勇敢的弄潮者。为什么联众总是被模仿，因为联众实际担当的是领头羊的角色，学联众的不会错，跟联众的也不会错，而联众人也不负众望，总能在重要节点出新招。

第二，联众人是经营美丽乡村、发展美丽经济的深耕的拓荒牛。联众人在实践中探索出把整治村庄与经营村庄结合起来、让绿水青山成为金山银山的转化之路，联众的示范效应让越来越多的浙江企业和农民懂得了美丽乡村新时代的经济发展之道，真应该给余学兵颁一尊美丽乡村建设和乡村振兴的“金牛奖”。

第三，联众人是认认真真学习、踏踏实实做事、厚厚道道做人的优秀的务实者。联众开拓创新，从不违规违法，其法宝就是学习，学习再学习，吃透党中央、国务院和浙江省委省政府的最新精神，然后抢机遇抓商机，故能百战百胜，而联众人做厚道人做厚实事，又让跟随联众的20万“粉丝”不断扩容。

第四，联众人是不忘初心的地道的浙农人。余学兵与他众多的合伙人大多是从大山走向大城市的新一代浙农人，他们无论做什么项目，都要让农民得利，不能让农民吃亏，都要引导农民创业就业致富，都要把乡村资源搞活，大多要通过城乡融合发展，让乡村的绿水青山转化成能让农民过上幸福生活的金山银山。

有这样胸怀的企业想不发展也难，我衷心地为以余学兵董事长为代表的联众人点一个大大的赞，祝联众人在乡村振兴的大舞台上继续演出更多的好戏。

序三

再造故乡:做自己的同时贡献于社会

陈统奎

余学兵的媒体人出身,让我非常惊喜。

我曾经也是一个新闻人,离开媒体工作后,我回到故乡海南省火山村再造故乡。

不过,两个媒体人走的是不一样的道路。

余学兵前辈用的是企业化运作,打造出气势磅礴的事业体。而我是个人主义者,我之所以返乡,是为了追求自我实现。

从表面上看,我从2009年起在火山村做了一些实事,挖水井、修山地自行车赛道、盖民宿、创立火山村荔枝品牌等等,确实改变了故乡的落后面貌,但11年下来,我发现受益最大的还是我自己。故乡,让我从一名单纯的记者,变成了一个"半农半X"的生活者,变成令很多人"羡慕嫉妒恨"的生活者。

"半农半X"的这个概念,是日本返乡青年盐见直纪提出来的,他有一句话非常打动我:"一定有一种生活,可以不再被时间或金钱逼迫,回归人类本质;一定有一种人生,在做自己的同时,也能贡献社会。"

如果说我和余学兵有交集的话,就是我们都是在做自己的同时贡献社会。

余学兵的乡建模式,不仅在浙江获得了成功,而且已经走向全国。一位先行者,用他实践出来的成功路径,为后来者提供了宝贵的经验。

不久前,我读了一本书,是日本一个叫市来广一郎的返乡青年写的《热海重生——地方创生的典范》。这本书写的是他回到故乡热海小镇带领年轻人再造故乡的故事。其中的许多经验,非常具有参考价值,比如“地方创生从经营城市粉丝开始”,余学兵不就是这样成功的吗?

市来广一郎还有一个重要经验,“地方创生是不动产拥有者才应该做的工作”,让一个地方变得富有魅力,提升不动产的价值是一个好抓手,“创造出建筑的新使用方法,吸引新的使用者这一点,才是真正的重点”。地方价值上升后,获利最大的也是不动产拥有者。

我相信,余学兵读到这一段,一定会会心一笑。

“城仙居”的逻辑不就是这样子吗?

余学兵以民为本的经营哲学,是最打动我的地方。

一方面,不管是动用农村集体建设用地,还是动用农民的宅基地,都要优先考虑“不动产拥有者”的利益,如果不与农民共享成果,那肯定是不行的。另一方面,也要考虑到“新使用者”,也就是那些向往乡村生活的城里人,必须满足他们对空间审美、对生活品质的更高要求,因为他们是“现代陶渊明”。

还记得我刚返乡的时候,在火山村跟村民开会,我开玩笑地说:“火山村这种火山石比土壤还多的地方,‘种房子’比种庄稼容易,也更有未来,附加值最大的就是‘种房子’。”2011年,我带头在火山村盖第一间民宿,这间民宿一不小心成了海南省第一家真正意义上的民宿。这些年来,老百姓纷纷利用一户一宅政策盖起新房子,为未来发展留下了新空间和新可能。

经营城市粉丝这一点,余学兵也做得很棒。

城市端消费者的乡愁情结,被概括为“乡愁产业”或“乡愁经济学”。富裕起来的城里人为了追求更美好的生活,愿意一下子掏出上百万元甚至几百万元,到乡下租一套房子,过田园生活,这在发达国家的城市中是一个普遍现象。伦敦、巴黎、东京、纽约,早就出发很久了,现在轮到上海、北京、杭州、深圳、广州等城市。

余学兵洞察先机,率先供给,成为最早一批“乡愁产业”的获益者。

乡村振兴,一端是乡里人,另一端是城里人,需要有桥梁连接才能迈向成功。“城仙居”就是一座桥梁，一下子把城乡连接起来，吸引城里人下乡。当然，能起到桥梁作用的，绝对不止这一种产品，也不能只有这一种产品。

不管是做休闲农场，还是做民宿，包括我卖火山村荔枝，目标客户其实都是城里人。吸引城里人到农村来生活，到农村来消费，才有可能真正带动乡村振兴，推进乡村可持续发展。

在此，我也想坦率地提出来，乡村振兴必须踏踏实实做好农业的产业发展，否则只盖民宿，只做休闲产业，恐怕走不远。因为农村与城市最大的区别是“农”，而不是城市里已经有的硬件设施，不管是住宿、餐饮还是游乐设施，乡村建设都绝对不能复制城市。

以我的故乡火山村为例，老百姓家家户户种荔枝，我们必须想办法做出火山村荔枝的价值。在农业产业化方面，日本的探索走在全世界的前列，已经从“一村一品”上升到六次产业。中国消费者非常喜欢的一款叫“白色恋人”的饼干，其实就是日本六次产业的产物。

北海道是日本养奶牛最多的地方，20多年前，北海道的奶牛养得太多了，牛奶供大于求，我们在教科书里读到的资本主义国家倒牛奶的故事，在彼时的北海道真实地发生了。奶农们被逼着寻找出路，最后他们找到了六次产业的新路子。

2018年我去北海道访问奶牛农场的时候，他们已经把牛奶加工成奶酪、年轮蛋糕、比萨、冰激凌、饼干等产品，并且在农场里打造体验式销售空间，吸引城里人来农场休闲购物，体验生活。

所谓六次产业，就是一、二、三产业融合发展，做到生产、加工、销售一条龙作业。整条产业链在当地做完，整条产业链的附加价值也全部留在当地，北海道奶农实践的成果是附加价值的10倍不止！

我想说的重点是，乡村振兴的解决方案里，除了“城仙居”这种财产性收入，进行农业产业化，创造农产品的附加价值也应是优先考虑的产业安排。而且，农业产业化搞好了，有了爆款产品，形成知名度和品牌效应后，再来搞民宿,搞乡村休闲产业,会更容易成功。

2016年我去了日本高知县的马路村,这是一个柚子专业村,是一个很偏僻的深山里的农村。从东京出发,需要先坐1个多小时的飞机到高松机场,再开车3个多小时才能到达。他们也做了民宿,而且品质很高,但说实话,入住率很低,民宿收益很差。马路村的共同富裕,靠的是柚子的六次产业,他们把柚子加工成柚子汁、柚子酱油、柚子酒、柚子护肤品等产品,一年的销售额近3亿元人民币,而村庄才900多人,村民相当富裕。

令我惊叹的是,马路村有非常现代化的柚子加工厂,花了近1亿元人民币建成,政府补贴了一半,从中央政府到地方政府都给了钱。为什么日本政府愿意补贴一个村庄5000万元来建设工厂进行六次产业化呢?答案很简单,偏僻农村要真正富裕起来,一定得靠产业。2019年,马路村还发生了一件非常有趣的事,村民给日本政府写信,请求派一个公务员协助他们走品牌化的道路。结果,日本政府真的派了一个农林水产省的公务员下去挂职,担任副村长2年。

这个挂职副村长叫中岛健次,是东京大学毕业的高才生。2019年我特别邀请他来火山村交流,并在同年11月举行的"博鳌文创论坛暨文创博览会"中介绍马路村的经验。他告诉我,日本中央政府派公务员驻村协助地方创生是一种政策安排,马路村的特别之处是,它主动提出要求。我问他,当个没有实权的副村长真能起到作用吗?他说,马路村其实把他当作"首席营销官"了,派他到处演讲,策略就是"把整个村子推销出去"。因为日本六次产业化已经普及,好产品到处都是,竞争已经白热化,已走到最高端的品牌竞争阶段了。

我探索火山村荔枝六次产业化,最早就是受马路村的启发。

我是2012年开始经营民宿的,收益好的一年也就收入十来万元。我卖火山村荔枝是从2013年开始的,一年有300万元左右的营业额。我的重点不是讲买卖做得大还是小,而是用自己的经历说明,在远离上海这种大城市的偏乡创业，卖农产品还是比做民宿收益大，而且靠谱。后来，我们又出品了火山村荔枝精酿啤酒、火山村荔枝冰激凌、火山村荔枝汽水。走向六次产业化以后，农业产业化带来的收益就更大了，这是一个值得努力的产业安排。

中国的乡村振兴离不开农业产业化，我们说要照顾农民的利益，让农民发家致富，一定要向日本学习，认认真真研究农产品的六次产业化问题。认认真真研究农产品的深加工与品牌化销售，首先洞察消费者的真正需求，再来研究本地特色农产品适合开发成什么样的终端产品，这样才能获得现代消费者的喜欢。也就是说，连接城市端，洞察消费端，乡村振兴才有出路。

余学兵前辈的成功，还给了我们一个重要启发，乡村振兴重要的是要有创造新价值的人。以新的价值重新审视乡村的东西，创造其新的魅力。乡村振兴，是运用闲置的资源创造出新的价值，再重生乡村的作为。乡村振兴，是拥有新创意的人进行的经济活动，而新创意就是运用乡村自己的文化，赋予乡村自有的东西新的价值。也就是说，借着重新审视乡村的文化，提高其魅力，增强其经济能力，以长久持续的形态来活化乡村的新思维，才是乡村振兴的金钥匙。

乡村振兴需要创造新价值的人，需要一批城市精英，需要他们用累积的知识、财富、品味、人脉等资源，赋能乡村，乡村振兴才能走出一条新路。否则，闭门造车式的乡村振兴，只有死路一条。尤其要吸引从农村出去在城市变成精英的“农二代”返乡，让他们回到故乡再造故乡。

如果不能大量培养出具备有吸引力的商品和服务的企业，以提高乡村本身的魅力来提升地方价值和经济实力，乡村是不可能获得可持续发展的。

余学兵的成功，让我们更相信人的价值。

10年来，我去日本游学30多次，看过上百个乡村再生案例，我发现每一个成功的案例背后都有一个优秀的产业领袖或者致富带头人，他绝对是社会精英，也绝对是一个创造新价值的人。如果没有这样的人，乡村还是走在老路上，走老路是到不了新地方的！

目录

第一章 『城仙居』传奇

不懂时代,无以逐天下。

天下大势,浩浩荡荡,顺之者昌,逆之者亡。

联众奇迹,不在逆势崛起,而在顺势而为。

2004年前后,中国加入WTO后带来的快速工业化和城市化正在狂飙突进。青壮年劳动力人口供应源源不断,全国到处一片热火朝天的建设场面。

也正是这一波潮流,快速地改变了中国的面貌,让中国从一个传统的农业国,一跃成为世界第一工业制造大国,成就GDP世界第二的奇迹。

那时的我,也想搭上这趟时代快车,成为时代弄潮儿。但是,时代变化实在太快,一晃两琢磨,车已离站。我带着首次创业欠下的债务,投奔在厦门一间工厂做小领导的女友。

再后来,回到杭州做桶装饮用水生意,起得快,落得更快。

没错,每个人都是时代浪尖上的小浪花。但若能退后一步,冷静观察下一个机会,天地大势,豁然开朗。

城里人,尤其是城市老年人对乡村度假的需求,正是下一个时代的机会。

城市化进程一定伴随着向往乡村的“反动”。正如《道德经》所说:“反者道之动。”更何况,四十几岁的中年人,十几二十年后正好是揣着钱度假的老年人。就这样,为这个群体打造的“城仙居”登场了,其诞生之初就开时代风气之先。

在九思 公益创业

九思村(现九狮村)的故事,说来不像是一个创业故事。但是2007年《浙江日报》的一篇报道,将这种模式称为“公益创业”,将公益和创业结合在一起,也是一种新的提法。被都江堰人称为“九思模式”的联众早期模式,的确是从公益项目开始的。

九思村位于天目山深处杭州市临安区天目山镇。这个地方早期的经济状况与我的老家开化很像:早期都是靠山吃山,日子过得蛮富裕。后来为保护环境,当地建立国家森林公园,甚至建立保护等级更高的国家级自然保护区,不让砍伐森林,九思村便成为山上的贫苦村庄,村里只有嫁出去的姑娘,没有嫁进来的。

在去九思村之前,我已经做过一个“失败”的项目,但有一批“粉丝”跟在身后,必须谋个出路安排。

当时我还在报社工作,因看见开化老家的几亩薄田一直空着,于是就到杭州萧山拉了一车桂花树苗,种到老家田地里。那时候也是苗木生意最火的时候,我觉得苗木这个生意很有意思。苗木种下去后一般前三年要去田间做一些管理,后面就不用管了,它会自然成长。随着苗木直径的增长,其价格也在不断上涨,所以那时候苗木生意也被称为“绿色银行”。还记得当时一棵桂花树苗只要8角钱,3年后它就长到差不多2米高了,当时有人出价每棵200元,我没有卖,之后苗木价格逐年下降,我就更不愿卖了。后来我得知种桂花树的地块已经被划入钱江源国家公园的范围,不允许将树挖掉出售了。我反倒挺欣慰的,当年的无心插柳能让家乡多一片阴凉,我还是挺自豪的。每次回老家看到那片茂盛的小树林，我的心情也如花盛开般灿烂。

此后不久，正好一家高校下属公司的200亩果园因为管理不善，亏损严重，寻求合作。我就接下了这个单子，并想了个招数：将这块地按每块一亩的大小规格，切分成了200块进行销售。我给每块果园配套了一个小房子，打造了一个“私家果园”的概念，并在《青年时报》上做了一个版面的宣传。

你可以想象一下，一个城里人，在离杭州市区不到一小时车程的地方，能拥有一个有配套房子的果园，这是多么有趣的事情！关键是还很便宜！

报道发出后火成什么样？1000多个人来报名，我们只能发券，有些人排队拿到一个认购券，一下楼，转身就能卖100块钱。现在想想，那时人们对乡村生活的向往已经相当疯狂。中国农村与城市一直在两条不同的道路上前行，那时的农村资源是不允许城里人涉足的，所以一旦有机会能当个“农场主”，就触动了城里人的兴奋点。

毕竟当时的中国城市化没多久，现在杭州城西的核心区域蒋村一带，那时候还是农田，很多人一进城就开始回忆童年时期的乡村生活。

人人都向往有钱有地的生活，我们只是帮他们实现了梦想。

原来梦想可以这么值钱！

那时候企业的契约意识也不是很强。一看市场反响这么好，那家公司就不情愿了，故意违约，我只好退出。但这批客户是认同我们的，非要跟我们走，再找新地方落脚。

这相当于带出了一支队伍，却没有根据地，只好上山“打游击”。

也是凑巧，2005年，报社要在临安市西天目山乡九思村（现临安区天目山镇九狮村）做一些扶贫活动。我们去扶贫的时候，发现天目山环境很好，但是农民非常穷。曾经办过厂的村党支部书记汪苗华家盖了幢三层小楼，但墙壁连水泥粉刷都没有，红砖直接裸露，屋内也没什么家具，甚至下雨天还会漏水。

至于其他农户，几乎家家是平房，很多家庭连媳妇都娶不起，哪有钱盖新房子。

我问汪书记:“九思村地处天目山景区的核心,为什么不做农家乐?”他说:“没有钱,房子刚刚建好没多久,担子很重。村里也只有两三家在做农家乐,基本上也是靠向亲戚朋友借钱或者向信用社贷款做起来的,负担非常重,想把本钱赚回来都难。”

有了上次卖果园的经验,我的直觉告诉我可以卖乡村生活,直白点,就是租卖乡村的住处!

我的另一个合伙人朱为民,是我报社的同事,他最不缺的就是想法,我们一合计就大胆地向汪苗华书记提出:“我们出钱帮你重建楼房,建成后你用一楼,二到四楼归我们使用30年。有城里人来这里住宿时,你们可以提供餐饮来营利,我们一分不要。此外,我们还每月给你发600元工资,作为客房管理费用。”

这种天上掉馅饼的好事,谁会信啊?

但我们是从报社来的,这个身份,汪书记还是很认可的。另外,我们请汪书记做通了旁边两户人家的工作,三户一起改建。为了表示诚意,我们向每户付了2万元订金!

之所以是30年使用期,是因为当时的农村宅基地还是一个禁区,只能用租赁农民闲置房屋的模式合作,而30年是一个让客户和农户都能接受的期限。期满后,房子无偿全部还给农户。

前期准备得差不多了,但因为心里没底,在打好地基后,我就自己写了篇文章,主题大概就是天目山上有个小房子,城里人可以租用30年使用权。这篇文章发在杭州5家都市报里发行量最小的《每日商报》上。

结果,这篇文章引来了4000多个咨询电话!跟上次卖果园一样,它再次引爆杭城。

到看房那天,总共有2000多人参加,可是总共才3幢房子。

由于想去的人太多,远远超出我们的想象,我们准备的4辆大巴车根本不够用,又因周末临时借不到大巴车,只好分几天进行。那几天整个天目山的饭店都被我们包了,还要翻桌,当地去维持秩序的警察说:"从没看到天目山一次性来这么多游客。"

不过,这次活动的成交量并不是很好,因为我们根本顾不上介绍产品,只求着不出事就好。真正的成交是在活动结束后,有20%—30%的客户表示了购买兴趣,但产品数量跟不上需求,客户只能等待。

那个时候根本不愁销售,一直到2012年左右,联众销售部的工作人员始终没有超过5个。很多人还通过熟人找到我,希望能通融下优先购买,销售能做到这个地步也是没的说了。

可以说,九思村的这个产品彻底改变了我的人生轨迹,也可以当作联众从事乡村事业真正的开端。

而我当初的想法,则与商业完全无关,我只想完成一项扶贫任务,这就是个纯粹的利他项目。这个项目的设计初衷是考虑农民可以有新房住,可以改善居住条件,通过做餐饮、卖土特产可以有长期稳定的收入,村里的小伙子也能娶上媳妇!

至于我们,要投入盖房的成本,要负责销售,当时想能收回成本,就万事大吉了。

汪苗华他们后来果然做得不错,毕竟见过世面,接待客人也很有方法。时间不长,他两个在外面打工的儿子就回来开了餐饮店,做了真正的农家乐,餐饮的品质也很不错,有些别人家的客人也到他家来吃。

其他农户,则卖卖土鸡、笋干之类的,每年有20000多元的净收入。这样一来,很多村民一下子来了信心,纷纷要求与我们合作。

我一看这苗头,觉得此事可为。这完全可以做成一个非常好的商业项目:把乡村生活卖给城里人。于是,我彻底辞掉了报社的工作,下海从商。

当时我们也没有太大的实力,没法快速占领市场,所以在我们建了20多幢房子后,一些头脑不错的当地人也意识到房子的价值,开始抄袭我们的图纸建房，然后委托一些二手房代理商进行销售，这样一来市场就有点乱套了。

我一看这不行，产品品质上不去，还是要连片开发，保证品质。于是我离开九思村，到天目山门口的大有村寻找机会。

这时候，我们已经从建房、设计房屋延伸到了建村、设计村落，这应该是所有做度假房产的公司的必经之路。我们按照自己想要的布局进行了设计，在村里造了人工湖，并和村里约定其他人不能随便在此范围内建房。

不过，后来还是有其他农户的房子插进来，我们毕竟不是政府，控制不住农民乱盖房。

2006年中央一号文件提出全面建设社会主义新农村。当时全国各地对此都没什么具体概念。媒体突然发现有这样一家企业，在没有花政府一分钱的情况下建成了一个新农村，还带动全村致富，于是全国各地的媒体都纷纷跑到九思村来做报道。

印象很深的是湖南卫视的一档栏目，这个栏目的记者对与联众合作的和没有与联众合作的两户农户的状况进行了比较，一户人家天天乐呵呵，一户人家夫妻天天吵架，两户人家形成了鲜明的对比，更加凸显了联众模式的优势。

这个节目火到什么程度？连播了好几遍！湖南卫视虽然是一家地方卫视，但影响力是全国性的。于是国内相当数量的大牌媒体都报道了联众模式：原来新农村还可以这样建。

因为联众模式很巧妙地突破了政策限制，将农民的财产变现和市民的乡村生活需求做了非常好的对接，所以市场反响很好；从政府角度来讲，这对农村也很好，媒体反过来又放大了这个讯号。

后来浙江大学有几位教授还把联众模式作为课题进行研究。记得有次我在网上买了几本关于乡村旅游的书，拿到书后发现其中有一本周永广教授写的书中有10多页在介绍联众模式。后来我和周教授在一次活动中相识，成为非常好的朋友，经常互相探讨乡村旅游的发展。

但对我们而言，最重要的收获还是第一批种子用户。他们非常信任我，可能是我这个人的长相就属于老实可靠的那种，让人第一次接触就很放心。虽然是公司与用户的关系，但在某种程度上，联众其实是我们和用户一起打造出来的，我们也把这些客户称为联众的家人。

联众与其他公司最大的不同在于联众是用户催生出来的，没有用户做推手，很可能就没有联众。这批一起打天下的会员家人，当然是联众最大的宝贝。

余学兵在联众乡村振兴产业峰会上发表主旨演讲。从“九思模式”出发，每年一度的高端峰会已成为国内非常有影响力的乡村休闲行业峰会（资料图片）

商业就是这样，有时无心插柳柳成荫。我们带着扶贫任务去，反而开启了一扇商业的天窗。而且那时候，我们一心图公益，想让农民得益，况且当初我们也没有那么多钱能撬动那么大的产业。

所以，不要太过逐利。从某个层面上看，只要利他的，最终定能利己。

这也形成了联众的企业价值观：凡事先看能否利他。能利他的事，定能成；就算自己无力，也会有他人推着你向前走。反之，一定会有千难万险等着你。

具体到乡村项目上，首先是绝对不能侵害农民的权益，其次是要懂农民，懂农村，要能读懂政府的政策导向、市场需求，这样才能最终让大家都满意。

破土而出　阳光熙和

经济学界曾经流传这样一个故事：一个犹太人在路边开了家加油站，生意火爆；第二个犹太人来了一看，缺个餐馆啊，就开了个餐馆，生意也火爆；第三个犹太人来了一看，缺个旅店啊，就开了家旅店，生意也好……当地渐渐繁荣起来。

一个中国人在路边开了个加油站，生意火爆；第二个中国人来了也开个加油站，说便宜1角；第三个中国人来了也开个加油站，再便宜1角还送礼品……结果大家生意都做不下去了。

中国人有时候做事就是这样，见有利可图，马上一窝蜂地上，把一个行业给做到成本洞穿，无利可图。

“城仙居”产品也不例外，除了农民自己见缝插针，有一些外面的企业也见利起意，纷纷杀入，而且联众在哪开发他们就杀到哪，在联众集中开发的临安天目山区域，农房改造一片热火朝天，全部是“城仙居”式的乡村公寓。

这种过热一定不是好事，我们得保持冷静。这么多年来，我一直有个投资习惯，就是不参与恶性竞争，既然你们都看好天目山，看好联众模式，那我就换个地方，对模式进行升级。而且，政策底线不能碰，“城仙居”模式虽然被别人认为是打政策的“擦边球”，但我要求所有合作农民必须办好建房的所有合法手续，否则不予合作。

但那些模仿者大多有着当地良好的人脉关系，胆子很大，没有手续也敢建房子。果然，他们还没找到出路，麻烦已经找上门来了，其中有个开发商被要求全村拆除，不但自己得不偿失，而且害了客户。

在农村开发项目,有两条线几乎是“死线”,一是农保地上绝对不能建设固定建筑物,二是宅基地不允许卖给村集体以外的人。四川都江堰在震后重建时将农房部分权益放开给城里人,除了是特殊情况下的权宜之计,更重要的是,成都市是全国统筹城乡综合配套改革试验区。

“九思模式”之所以能行通,是因为巧妙地避开了这两条线,另辟蹊径,在政策许可的范围内,将可能性做到最大。比如当时的《土地管理法》规定农民的房屋不可以拿来经营,但政策又允许和鼓励农民用自己家的闲置房屋来经营农家乐。

但无论你怎样身段柔软,该来的还是会来的。有人向临安市国土资源局(现杭州市规划和自然资源局临安分局)举报:联众在村里大搞违法建设,违反了土地法。

临安市国土资源执法监察大队(现杭州市临安区国土资源监察大队)调查后得出结论:联众的做法没有违法。首先,所有农房均以农户的名义办理了合法的手续;其次,农民将自己的房屋出租给公司或城里人,也符合政策规定。

我还清楚地记得当时的执法大队长对我说:“余总,如果临安不欢迎联众,你到我老家去开发一个村。”后来他还真带我去看了他老家的资源,并带我去考察了当时的横店集团是如何利用集体土地进行开发的,让我受益匪浅。

我悬着的心终于落了下来,我甚至有些庆幸:在政府部门介入之前,虽然我们做了各种分析推演,认为这种做法没有违规,但想要一个明白的说法,或者说要一个官方书面认可是难上加难。这次被举报,事实上反而帮助联众解答了一个长期悬而未决的政策疑难!

除此之外,当时的临安市委也给我们很大的支持。临安市发改局(现临安区发改局)组织课题组,对联众模式进行政策和市场分析,并对将来的可能走向进行了探讨。

这份《发展社区型景区,推进新农村建设》的报告,通过发改局主办的内刊《发展与调研》发表后,引起了轰动。这也是官方层面第一次将联众模式列入研究，并给予正面积极评价。

但这些信息都在政府内部运营，我没法向公众公开说明这一点。于是，如何让公众了解官方的这一表态，让农民和市民都能放心地参与联众的项目，成为我需要解决的下一个难题。

后来，我还把联众在农村建设的整个过程写了份汇报材料，交给当时主管“三农”工作的浙江省副省长茅临生。

茅副省长看到材料后很重视，很快就派了由浙江省农办、省国土资源厅、省住房和城乡建设厅等部门组成的调查组，从多个角度深入调研了联众模式。其中参与调查的原浙江省农办社会发展处处长葛永明后来告诉我，调查组给予联众模式非常积极的评价，茅副省长也做了批示，认为联众模式是一个非常有利于农民致富的模式，非常适合浙江省山区的新农村建设，建议进行全面推广。

这对处于风口浪尖的联众来讲绝对是最好的声音，批示我看到了，但葛处长也明确告诉我，考虑到这个是内部文件，不会给我书面的批示内容，我知道就行了，并鼓励我将联众模式快速推到全省去。

由此看来，要让更多的人肯定联众，特别是要得到官方的公开认可，只有《浙江日报》这样的省委机关报才能做到！

此时发表在《浙江日报》上的一篇叫《农家乐公寓，能乐得起来吗》的探讨性文章帮了我的大忙。文章刊登了时任浙江省国土资源厅政策法规处副处长赵建平的采访谈话，他认为以联众为代表的农家乐公寓的实质是农户将自己的房屋使用权交由企业统一出租经营，符合一户一宅的规定，也没有占用耕地。联众等企业的操作模式与《土地管理法》并无直接抵触，对促进农民增收、改善农民居住条件也能起到一定的积极作用。

但赵建平同时强调，这一新生事物值得“继续探索、规范”，必须提防“变异”，要切实保护好农民的利益，同时维护投资者的合法权益。

这番官方表态，现在看来中规中矩，但在当时属于石破天惊，还是要有相当的担当和勇气的。要知道，内部讨论和媒体发言是完全不同的。

就这点来说，我认为浙江之所以能有今天的发展成就，特别是浙江的乡村建设能走在全国前列，与浙江的领导们的勤政和担当是分不开的。如果不是浙江省政府的开明和远见，那么不仅是联众，甚至中国的乡村休闲度假产业，恐怕都还要延滞很多年。记得有位外省的领导来考察，在充分了解联众模式后，感叹道：“这也就是在浙江这样的土地上才能诞生这样的模式，如果在我们那早就给掐死在萌芽中了。”

在争议的最高潮时期，国内很多媒体都从不同角度报道了联众模式，其中绝大部分报道都是正面的。作为“三农”最权威的媒体，《农民日报》自然也很重视这个新生事物。其在头版头条发表了《“联众模式”引发热议》一文，将几个方面的意见做了充分表达。

農民日報
FARMERS' DAILY

学习贯彻中共十七届三中全会精神 为推进农村改革发展建言献策
政协十一届常委会第三次会议开幕 贾庆林主持 回良玉作报告

不花钱就能住上新楼房！——是农民捡了个大馅饼，还是企业在打“擦边球”？
“联众模式”引发热议

新闻背景
“联众”冲击波

今年农业科技贡献率达49%
农业部大力推广10项农技推广新模式

农交会举办采购商专场

温氏：龙头企业的“和”商之道

《农民日报》在头版头条对联众模式进行了报道

《农民日报》作为一份为农民说话的报纸，当然主要是站在农民的利益和立场上说话，这篇报道还配发了编后，希望读者参与讨论。这种待遇，怕是才成立两年的一家企业根本无法想象的。

但这个报道是善意的，除了配发评论，该报还发表了一篇新闻背景——《“联众”冲击波》，将九思村称为“村中城”，站在农民和农村立场，这样说倒也很恰当。令《农民日报》没想到的是，有大量的人参与了关于联众模式的讨论，而且大多都觉得这个模式有利于农民，是当前全国全面建设新农村的样板。

因为这次的系列报道，我和文章的作者——《农民日报》社浙江记者站站长蒋文龙结识，并成为非常好的朋友。我们经常一起探讨乡村建设问题，至今他还在不定期跟踪报道联众的新模式。

2017年10月31日，全国人大农业与农村委员会副主任委员刘振伟在十二届全国人大常委会第三十次会议上，做了关于《中华人民共和国农村土地承包法修正案（草案）》的说明。此次土地承包法修改的主要内容，包括承包地的所有权、承包权、经营权“三权分置”，稳定农村土地承包关系并长久不变，土地经营权入股，维护进城务工和落户农民的土地承包权益等七方面内容。

当时我说，其实这就是联众当年的做法嘛：土地所有权归集体，承包权归农户，经营权归企业！我们比法规早走了十年，为中国的农村土地制度改革探了路。中国农村土地制度改革的历程中，应有联众的一笔功劳。

不过，有两件事还真能算是给联众记功了。2009年6月，“联众模式”被农业部（现农业农村部）列入中国农业60年关键词语录；同年，“联众模式”入选《全国新农村建设经验60例》。

想当年，有人指称我们的做法是在打“擦边球”，但现在这已经成为国家农村土地改革的重要政策。在乡村振兴过程中，联众是先驱者！这个时代的使命和角色，在之后的十年发展中，联众从未辜负！

联众真正见到天日，应该是在2006年10月举办的第六届全国“村长”论坛之后。

在这个论坛上，浙江省权威的“三农”问题专家、时任省农办副主任顾益康在谈到联众模式时说，新农村建设就是要逆转农村的衰落，而非消灭农村。“通过企业投资，将农村变成新村。通过经营农家乐，将城市文明带入农村，农民开始自觉提高自身的文化素质，这是这种模式的意义所在。”顾益康说，这种模式有企业的商机，更有农民的众多利益，这实际上是统分结合的农家乐休闲模式，使农民的生活资料变成了生产资料，增加了农民财产性收入，这是建设新农村的创新模式。

创业初期的余学兵(陈庆港 摄)

我在发言时提到：联众模式涉及的政策面很广，在实际运营中困难重重。但再难也得咬牙往前走！无论如何，联众绝不做违反法律法规的事情，合规运营是红线。这条红线也成为今日联众的企业基因。

发言结束后，很多地方的村干部跑来跟我要联系方式，邀请联众去他们那里做开发。可见，联众模式真正是人心所向、市场所需。

在会上，联众获得“新农村建设突出贡献奖”；同年在北京人民大会堂，时任全国人大常委会副委员长许嘉璐为联众颁发了“全面小康与新农村建设——中国十大贡献企业”奖。

会后，《浙江日报》再次以整版篇幅报道了联众模式，这个栏目叫《今日关注》，是获得中国新闻名专栏一等奖的深度报道版，是这张报纸中除头版外分量最重的版面。

这个报道的记者，后来成了我的朋友，甚至受到我的影响把自家房屋建成了民宿，他就是本书后记的作者朱子一。他后来创业做老年文娱互联网平台百乐萌，一路见证了联众的成长。

既然是深度调查报道，朱子一回到联众的出发点九思村逐本探源，他在报道中提到了一个细节：“在九思村，有不少背篓里带孩子的农村妇女，与川贵风俗类似，一了解才知道，因为以前村里太穷，这些媳妇都是从四川、贵州农村嫁过来的。当余学兵经过时，她们转过身来打招呼。”

这个报道也记载了很多细节，比如村支部书记汪苗华所在的九思村朱陀岭村民小组，共有40户人家，其中有25户与联众签约合作，超过一半以上人家！另有7户人家选择自己到上海等地找公司合作翻建，有1户是以前就盖好新房的，其余的选择维持现状。

人们说，新闻就是昨日的历史，记者把村里、镇里全部采访了一遍，在报道中留下了很多有趣的细节。这些小事，如果不是新闻报道，时过境迁，怕是我都不一定记得那么确切了。

人的视野一旦被打开，赚钱的门道就多了。汪苗华翻新后的新家是一幢四层楼的房子，本来留了一层自住，其余的交给联众经营。但后来他发现自住一层太浪费，于是把其中的一间又出租给一名城市老人。

说实话，我们当时对联众能走多远也是没底的，所以在很多事情上，优先考虑用户利益,做到防患于未然。比如在与市民签订30年或40年房租协议时,为了让市民利益更有保障,联众从中牵线,农民和市民达成租赁意向,和联众签订三方合同,并由村委会见证。

我的考虑是,哪怕有一天联众不在了,但合同仍然能够履行。我这样步步谨慎,并不是没有原因的。创业本来就是九死一生,谁也不敢保证自己一定能成功。那么在进入市场时就打算好退路,总比事到临头手足无措要好。之前几次创业半途退出,我都坚决杜绝留下任何后患。

从后来的结果看,这个城乡互动的产业,在相当程度上扭转了农村在与城市的竞争中长达一个多世纪的颓势,其以绿水、青山、乡愁,真正在一路狂飙的城市化进程中,发现了自身的独特价值。《浙江日报》一篇叫《临安农居的价值发现》的报道中,最后一个章节的小标题叫“发掘乡村文明的价值”,我认为这抓住了问题的根本。

正如顾益康在2006年召开的第六届全国“村长”论坛上讲的那样,农村不能再衰败下去,农村不能被消灭,在新时代,农村是可以焕发出新的生机的。

从本质上讲,人们一方面渴望诗和远方,另一方面却厌恶背井离乡。当联众在天目山深处落地时,搅动的不仅是城乡百姓,更有乡镇人民政府。

之前,受制于交通、资源等,天目山上有不少自然村被政府规划下山移民脱贫。但联众进入后,对原有村庄进行了科学的规划,根据各地新农村规划和总体布局进行建设。

看看,本来是要放弃的村落,一旦价值被发现,马上开始复兴、重生。这个乡村的“新生”过程,其实就是2016年联众在丽水市开发的下南山古村落保护项目的预演。凡事草蛇灰线,其来有自。

老百姓的反应就更快。汪苗华说,村民原本只有一条路,那就是进城打工,否则他儿子连媳妇也娶不上。这样下去,农村人口实际上在减少,有些自然村可能只剩几户人家了,随时都要废弃。但随着市民下乡,这些村庄重新活下来了。当时汪家女儿在上学,而儿子没考上,本来家庭压力很大。但如果乡村旅游开发得好,汪家女儿在城里找不到好工作,就可以考虑回乡的事了。

10年之后,汪苗华的女儿果然回乡创业,成为村里的新能人。

作为外来的创业者、扶贫者,我们的站位还是比较谦逊的,没有那种城里人的优越感、先进性,甚至趾高气扬,我们保持了一贯的谨慎和敬畏心,在不打破乡村原有的建筑生态的前提下,保留原有村庄风貌,新的建筑物必须与当地的生态环境、文化体系完全吻合。

当时我们的设计能力有限,遂将房子的美学定位为"白墙黑瓦":白墙黑瓦是江南乡土建筑的基本色调。大红大紫的西式别墅与这里的自然环境和文脉都不相符,也不符合中国人的审美观念。农民可能更向往现代化的建筑,但市民需要乡村风格的度假产品。这中间有个契合点,既要有舒适性,又要有传统美感。

现在看来,我们心存敬畏没有错。无论是法律法规,还是地方政府的需求,市民和农民的利益,我们都优先考虑进去,甚至连地方文脉风俗以及审美趣味都给予足够的尊重,这才让联众在一片荆棘中蹚出一条路来,成为这个领域的勇敢先行者。如果没有这种敬畏,我们会不会像有些公司那样"其兴也勃焉,其亡也忽焉",也是说不定的。

当时我们也想尽快深耕本土,做大做强,因此有了从房子做到景区的想法,甚至规划了社区型景区,将来同样与村集体和农户进行分成:所有相关配套服务产业均由村委会或村民经营,利润尽归村里和村民。如果开发景区,门票收入的40%归村里。

但实际上,这个规划可能太超前了。一直到十年后的今天,一些有条件的农村在乡村振兴的政策环境下,由政府主导,才打造出一批样板村。以我们当时的实力,梦想很好,但实际上很难实现。这也是我们的一个教训:该政府做的,企业千万别去碰!至今我们在做整村开发时,基础设施还是由政府负责建设的。

总之，经过这一轮热火朝天的创业，联众，特别是“城仙居”已经成为乡村度假的代名词。一些不是联众开发的房子，一旦出事，人家也来找联众。

前段时间，我和一个临安的朋友吃饭，他说最近政府开会，要把联众模式的房子拆掉。

我很自信地说：“这不可能，因为我的房子全部都是合法的。”

但这事听来还是让人心惊，所以事后我让当地的负责人去打听了一下，原来是其他公司开发的项目违建，与联众毫无关系。但是联众品牌影响力大，只要是乡村度假农居房，人家就一概认为是联众的。

事实上，在2006年到2012年期间，仅杭州区域就至少有10多家企业做着和联众一模一样的事情，但2012年后这些企业基本都倒闭了，以致拆联众房子的传闻一直在流传，甚至有很多传言说联众倒闭了，真是让人哭笑不得。

实际上，我们在天目山做了那么多项目，到现在为止，经历了这么多年的“三改一拆”，我们没有一间房子因为违规被拆掉。总体而言，我们特别注重项目的安全性，这也是对用户负责。

在《浙江日报》对联众做整版深度报道的同时，在全国范围内发行的上海《文汇报》也发表了相关文章，对这个项目进行了非常深入的报道。可以说，联众两年低头耕耘，一夜见光，就此大白于天下，也将大出于天下。

此时正好是中国经济高速发展期，一切都是最好的。

迎着阳光，我们解决了政策难题，和用户一起吃了“定心丸”。

《浙江日报》作为省委机关报，发表的文章是有政策宣示意义的。它表态了，大家就都知道了，原来这事可以公开讲，没有政策风险，可以大干快上。

文匯報

城仙居三大体验基地全在景区旁

我能入选获得度假房吗?

本次活动推出的度假村之一"春风例村"实景

本次活动推出的度假村之一"大有村谷"外景

本次活动推出的度假村之一"立塔人家"实景

家庭"碳"排放量如何计算

城仙居乡村生活展

27-28日在本报一楼大厅举行

上海《文汇报》对"城仙居"的整版解释性报道

这时我们的规模也更大了。

2009年,由农业部农村社会事业发展中心主编的《全国新农村建设经验60例》出版,其中一例就是《"联众模式"造福百姓——浙江省联众休闲度假有限公司新农村建设经验》,这是来自国家农业农村主管部门的最终定调。

苦难让我们有不忍人之心

每次记者采访都会问到我的乡村情怀，说实话，作为个人来讲，我是非常希望能以自己的力量去建设更多美丽乡村，让更多的农民致富的，建成一个项目所带来的那种成就感远远比这个项目赚了多少钱更让我兴奋。

但作为一家企业的负责人，我又不得不在投资每个项目前考虑能不能赢利。不过，做乡村项目不能单纯图利润多高，还要考虑农民的利益、村集体的利益。

或者说，选择这个赛道，本身就要耐得住寂寞、守得住清贫，不可能像金融业或某些行业那样，突然爆发。

就像《浙江日报》讲的公益创业的概念一样，我之所以进入这个行业，也与自身的过往息息相关。

我出生在开化县苏庄镇，这是一个与江西省的婺源县和德兴市，以及安徽省休宁县毗邻的偏远山区小镇，号称接壤三省四县。

20世纪90年代之前，中国的大规模工业化尚未普及，作为传统农林大县，开化县还是很富有的。因为当地森林很多，伐木放排的收入很高，稍微人口多一些的家庭都是万元户。当时衢州尚未从金华地区分离出来，据说开化的经济在当时的金华地区排第二名。

20世纪90年代之后，为保护钱江源生态，村里的木料加工厂等会破坏生态以及造成环境污染的企业被关停，树木不能随便砍，农民靠山再也吃不了山，开化经济一落千丈，成为省内贫困县之一。

我家田地很少，一人只有几分田，山地也在离村很远的深山区，那个时候维持温饱已经没问题,但想要家里多存点钱就难了。

我在家里排行老大,在农村,老大担当的责任和义务本来就要大些,目睹父辈在田里劳作的艰辛,我也自觉地尽自己的力量为父母分忧,小小年纪家里家外的活都会干。学习上年年都是三好学生,我那时就是别家父母口中的“别人家的孩子”。

高中我去读了农校,那时心里就有个愿望,希望能通过学习农业技术来改变农村。当然,知识还是管用的。记得我在学习棉花种植技术后,就建议父亲在棉花长到一定高度后摘芯,使其长出更多侧枝以提高产量。当时村里种棉花都是让其自然生长的,后来我说服父亲拿出一部分棉花给我做实验,果然被摘芯的棉花当年产量要高得多,第二年全村的农民都对棉花进行摘芯处理了,这也更加坚定了我通过学习改变农村的想法。

毕业后,我被分配到江西省的乡镇农技部门工作。我那时拿的是中专文凭,一个月70元工资,加5元补贴。不过那时也没有什么机会花钱,9月报到上班,到过年时发现还能剩200元带回家孝敬父母。工资虽然不高,但好歹也是一名乡镇技术干部了(那时还没有实行公务员制度),我心里还是很开心的。

当时农村乡镇有所谓“七站八所”的提法,虽然各单位名义上有各自的职责,但在重大项目中,各单位的工作人员都要被征调。尤其是我作为年轻干部,在计划生育、公粮征缴等方面,更是被派到第一线。

那时的乡镇执法不似现在正规。很多时候,农民一旦交不上粮食,就要被扣押一些东西,钱交上来再把东西领回去。

所以那时候我的一些生活用品,比如电视机、自行车、电风扇之类,都是从农民家里搬来的。这家的还了,那家的又被扣押了,这样我就一直有的用。

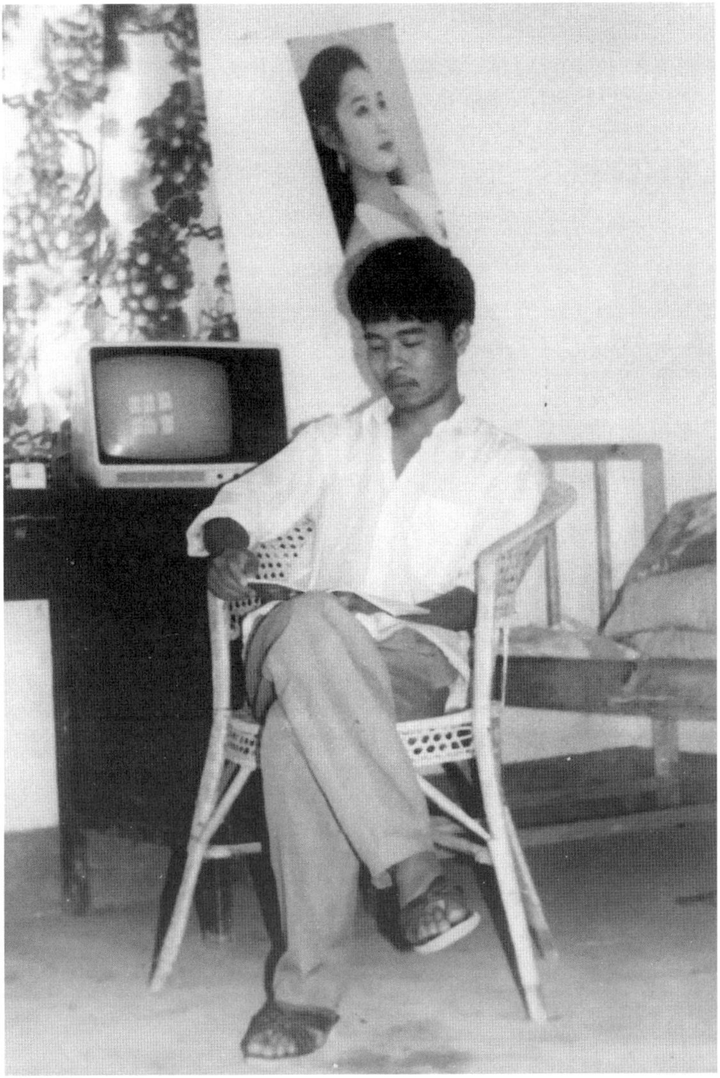

余学兵在江西工作期间留影(资料图片)

每次下乡执行这类任务时,我们都被农民骂作“土匪”,迎接我们的都是农民的白眼和骂声。每年冬季农闲季节,我更多是在干着这些内心极其反感的工作。

我越来越觉得自己的性格并不适合做干部，政府单位不是我想要待的地方。这里实现不了我的梦想，这不是我想要的生活，这也不是我想要的工作！

农民真的太苦了！

我觉得，只要是一个有良知的人，面对这种境况都无法做到无动于衷。我自己的出身和经历，让我有一颗“不忍人之心”。所以联众的事业，一方面在成就我自己，另一方面也是在为那些一心想回归乡村生活的城里人圆梦。

有人说，每个浙江人骨子里都隐藏着一颗创业的心，我觉得至少我是这样的。虽然我是农民出身，但我家祖上是当地显赫的商人，在我们村子中间有一片较大规模的徽派老房子，就是我祖上的产业。我外公曾是国民革命军军官，1949年后成为最早一批挑着货郎担往返于义乌和开化乡下的商人。从小外公就拿些鱼钩、鱼线让我卖，卖出的钱归我。从小学到初中毕业，我一直做着这桩“小生意”，这也让我小小的身体内开始流淌起“商人”的热血。

工作4年之后，我终于发现了自以为是的商机。

在我工作的乡镇，每到过年前后，家家都会做一种叫“藕丝糖”的小吃。用麦芽熬成糖，扯成细细的丝，然后包上白糖和炒熟的豆粉，非常好吃。大概1994年底，我坚定地辞掉了在政府部门的工作，回到开化老家，和同学一起合伙办起了藕丝糖厂，还专门请开化印刷厂的设计师为我们设计了精致的包装。

创业毕竟不是那么容易的事，厂子起得快，败得更快，大量的产品积压让我们只能关门歇业，还欠了不少的债。

这件事给我的打击很大，那段时间我的心情很不好，家里人都不敢和我提藕丝糖的事。

过完年，我在村里已经没法待了，因为我觉得自己是失败者，会被人瞧不起。于是我决定离开老家，去见见世面。

当时还是女朋友的妻子在厦门一家生产三洋收录机的台资企业做车间小领导，我便去投奔她。坐在流水线上，干着机械的动作，我虽然对电子一窍不通，但很快就成了熟练工，一个电路板满满的元件我一眼就能看出哪里有问题，于是就被调到质检部。

在厦门工作时的爱人（余学兵 摄）

在枯燥的流水线上，我用了将近两年的时间想明白自己为什么会失败，同时也基本还清了债务。于是，我那颗蠢蠢欲动的创业心又活跃起来，我辞掉第二份工作，回到浙江寻找机会。

1996年底，我回到杭州，帮一个远房亲戚打理超市。当时超市还是新鲜事物，超市的理念太超前了。在有钱人聚居的社区还可以，在其他地段，老百姓还是习惯在杂货店买杂牌货，超市里品牌产品的价格毕竟高了些。

1997年，我决定离开超市行业，正好国企中大集团刚做桶装水业务，我就去了。那时市场上刚刚推出桶装水，跟现在一样，一桶水也要十几元；饮水机也很贵，立式的要2000多元，一般人买不起。我记得很清楚，我的第一台饮水机是卖给了康佳集团股份有限公司,还顺带卖出去100张水票。

这家公司,我一开始跑了几次都没成交。有一天和同事回公司路过其门口时,我让同事先走,自己决定再进去谈一下,结果财务经理一见到我就说:“你那个饮水机赶紧弄一台来。”因为康佳在上海的分公司有了饮水机,杭州分公司也决定添置一台。

第一单成交之后,后面就都很顺,可能和有信心等原因有关,我很快就做到了销售部经理。这或许也是个规律性现象,我发现联众新来的业务员要么不开张,一开张后面订单就“哗哗哗”进来了。

后来养生堂创设“农夫山泉”,我去应聘做了农夫山泉的第一批管理人员,但其实心里还是在寻找创业机会的,直到遇到了后来跟我一起创业的媒体人朱为民。

朱为民当时在天目山建了一家水厂,正在招聘合伙人。我觉得非常符合我的创业心,就去了,很快就成了公司的一个小股东,这也算是我的第二次创业了。

我们创立的这个水的品牌叫浮玉山泉,因为天目山古称浮玉山。天目山真是我的福地,联众创业的根据地在天目山,联众的第一家乡村度假酒店浮玉山庄也在天目山。

当时我们的生意就已经跟别人很不一样了。别人卖水是卖水,我们卖水是卖广告。比如我们当时一桶水只要2元,就是送水的费用,利润主要来自桶身广告!这和后来互联网时代的“羊毛出在狗身上猪来买单”的商业模式很相似。

想不到,我们赚的第一笔钱来自当时刚刚创刊的《都市快报》。要知道,媒体本身就是赚广告费的,而我们偏偏从媒体嘴里掏了一笔广告费出来,可见这个商业模式的成功。

因为成本转嫁给了广告商,水费就很便宜,很快,我们的桶装水业务在杭州的市场占有量就和当时的桶装水“霸主”娃哈哈相当了。

虽然我们有着策划能力的优势，但由于公司股东多，再加上管理不善，公司还是关门了。

在我刚入行的时候，桶装水市场是一片蓝海。但到这时候，桶装水市场已经有娃哈哈、农夫山泉等巨头，新的创业者加入进来，已经很难分到一杯羹。

但当时我在杭州桶装水市场上的知名度还是可以的，不亚于现在在乡村振兴领域的地位，所以我就开了一个送水站，贴牌生产一个独立品牌的桶装水。当时桶装水的竞争已到最激烈的时期，虽然利润还不错，但很难取得新的突破。我的第三次创业就这样终结了。

当时我们和《青年时报》《经济生活报》（即后来浙报集团下属子报《今日早报》，现在已停刊）联系很密切。2001年，《今日早报》创办初期，刚好有个机会，我和朱为民凭借策划能力进了报社，我担任一个融新闻报道和广告于一体的相当于专刊部的部门副主任，每周出8个整版，还要创收。

那时候正是媒体的黄金时代，只要能做出影响力，变现是很容易的。后来我拥有那么多的媒体朋友，以及创业项目的选择，也都与这段经历密切相关。

因为我身处一个文人圈子，这个群体多愁善感又善表达，常有悲秋思乡之感。正如所有的妈妈都觉得婴幼儿生意好做一样，你待在文人圈里，就会觉得乡愁生意好做。所以，不管是卖果园还是卖乡下的农居房，也都与此经历有关。

加上媒体人天生敏感，国外对新闻行业的定义是“船头的瞭望者”，无论是对新事物还是暗礁，他们都能首先发现并提出警告。当大家还在努力“农转非”时，报社大院里已经讨论怎样在乡下拥有一处田园了。

而且，市场化媒体接近于一个社会公器，这让我们能够站在旁观者的角度去理解一些事情。所以后来发生的一些事情，虽然可能不利于企业发展，但我依然希望可以做。就像联众的第一个项目，其实不是为了赚钱，而是为了扶贫。

但既然做了企业,那么商业之道一定要坚守。在汶川地震之后,我们一头冲进去尽企业的社会责任,投入很大。但这远远超过了我们的能力,导致公司运营出现了一些问题,这也是个很深刻的教训。

所以,我们一定要分清哪些是公益,哪些是商业,绝不可混淆。

2005年12月29日,十届全国人大常委会第十九次会议决定,自2006年1月1日起废止《中华人民共和国农业税条例》,取消除烟叶以外的农业特产税,全部免征牧业税。

看到这个消息,回想1991年刚刚工作时的情景,15年时光如白驹过隙,对创业来说,太快;但对苦难来说,太慢。

人只要行善举,就一定会得善报。2007年12月,联众在争议中迎来了投资巨头赛伯乐投资集团的风险投资,还吸引了杭州市创业投资引导基金的投资。

一段农村生活经历,一段农村工作经历,奠定了我的初心,让我有敬畏心、同情心,让我在面对用户的时候,能够急他人之所急,体谅别人的难处。

上海人的“城仙居”

2006年至2007年，在上海媒体有关浙江的新闻中，联众的份额绝对不低。

对一家企业来说，拿下京沪市场，就是拿下了中国的高端市场。

而联众进入上海，几乎是敲锣打鼓、载歌载舞进去的，可谓不费吹灰之力。

2006年10月，我们决定进军上海。原因很简单：我们的乡村度假产品是为城里人打造的。上海这个大都市缺山缺水，就连像样的森林都没有，再加上高楼大厦和车水马龙，生活在这样繁杂的城市里的人们自然比一般城里人更需要山水，更渴望山水。

而杭州算是一个山水城市了，一个西湖就足以让杭州人自豪感满满，更何况还有西溪湿地、梅家坞、茅家埠等风景优美的场所。浙江遍地好山好水，一不小心就看到了烂漫的乡村景致。天目山上的乡村生活，对杭州城里人当然也有吸引力，但跟上海人一比，吸引力还是有明显差距的。

而且，自上海开埠以来，无论是宋美龄还是上海滩上其他的名流大亨，都以在浙江的莫干山上有一幢避暑度假别墅为荣。就连近些年很火的山核桃，也是上海知青在浙江下乡时捧红的。

我们卖乡村生活其实就是卖山水空气，上海人是主要的目标客户。

上海媒体仍然是先驱，他们对联众的兴趣热烈到异乎寻常。以《文汇报》为代表，沪上媒体开足马力，为用户介绍这一新产品。当年能够到莫干山拥有度假别墅的上海人毕竟是凤毛麟角，而现在，用户只需要花五六万元就可以拥有一个乡村房间30年的使用权，这就变成了平民化享受。而新农村建设、乡村度假等概念本来就具有很强的新闻性，联众在开发过程中的众多新闻素材足以让记者们发挥文采。

《文汇报》相关报道的一系列标题自带“惊讶”，充满激情：《每年花2000元在环境优美的乡村拥有一套公寓　浙江临安“城仙居”何以一炮打响》《“城仙居”是新农村建设的创新　有关专家在全国“村官”论坛上评说“联众模式”》《新农村建设不是要消灭农村》《“城仙居”推进新农村建设——访浙江联众乡村资源开发有限公司总经理余学兵》《为中国都市人开创候鸟式旅游休闲新生活“城仙居”：打造乡村度假连锁酒店》。

文匯 浙江视窗 Zhe Jiang Shi Chuang

2006年11月10日 星期五　第27期　第13版

都市居民如何花2000元/年的钱，到环境幽雅的乡村过休闲养老的生活？

请看《都市老人的乡村休闲生活》展览

展览主办：文汇报读者服务中心　浙江联众乡村资源开发有限公司

展览时间：11月10日至14日

展览地点：上海威海路755号文汇新民报业大楼一楼

每年花2000元在环境优美的乡村拥有一套公寓

“城仙居”：城里人的山村新居

农民：不花钱就能赚钱

城市居民：5.5万元在景区安个家

政府：“联众模式”纳入新农村建设规划

钱塘论坛

新农村建设不是要消灭农村

《文汇报》上对“城仙居”的相关报道

上海市委机关报《解放日报》刊文:《长三角养老出现新趋势》。

上海发行量最大的《新民晚报》也加入“合唱”:《“城仙居”让农民致富有门 临安新农村建设模式引起专家关注》。

上海新锐媒体《东方早报》(“澎湃新闻”的前身)刊文:《上海老人热衷“移居”浙江景区养老》。

上海电视台第一财经频道《经济观察》专题报道:《农村+养老=财富!》。

杭州本地媒体当然也注意到了这一现象,《都市快报》撰文:《天目山下“满觉陇”引来众多阿拉目光 即将开通的杭徽高速让上海人安家乡下》。

《建筑世界》杂志亦有文,题曰:《“城仙居”:农村养老度假新模式》。

之所以罗列这么多报道,倒不是为了显摆,而是为了说明,我们的产品一方面被媒体推向了市场,另一方面也被媒体和用户双重塑造成形!

当时要打开上海市场,自然是因为上海的人口数量和消费能力,包括上海缺山水,我们要为城里人谋点乡村生活福利。但通过媒体的报道,可以很明显地看出一条线索:前期报道侧重于报道城乡关系,而到后期,则开始关注人口年龄的分布。

歪打正着!从一开始,我们就是把这个产品的消费群体定位于城里人,经过媒体的讨论和市场的验证,我们马上认可了这些报道提出的假设:不是所有城里人都会喜欢这类产品,而是城里的退休老人,才是这个产品的消费主力。

原因很简单,在乡下置业,是候鸟式的度假而非周末或短期度假,需要长期居住。而能有这个时间的,只有退休老人,上班族是不可能的。

《文汇报》是推进联众进军上海的重要平台,《文汇报》浙江记者站本来就是这个上海媒体在浙江的联络处,借助这个平台,联众进军上海自然就更加顺利了。这时候我们开始注重品牌效应,大家讨论下来,都觉得要给联众模式做个商标,便根据特点取了个名字:“城仙居”。意思是城里人在乡下过神仙一样的日子。

在上海话里,“城仙居”的发音与“神仙居”非常接近。无论是看文字还是听读音,都是既恰切又很吉祥如意的。而在商标设计上,我邀请了曾经是《青年时报》资深记者的宗永亮及其团队来设计,最后,一个以弯曲的乡间小路、冒着袅袅炊烟的乡村小屋为元素的标识就展现出来了,这个可爱的小屋一出现就勾起了大家的乡愁。

“城仙居”亮相上海的第一天,联众在《文汇报》上做了4个整版的报道,“城仙居”一时风头无两!报名考察的读者从国庆节排队到元旦,“城仙居”在上海一夜成名!

当月,联众在上海《新民晚报》大楼的销售部的销售额就超过杭州销售部的,直到2010年后联众在杭州周边的度假产品类型丰富了,杭州销售部的销售额才逐渐与上海销售部持平,并超过上海销售部。

说起来也很有意思,我们当时连销售点都没有,直接以《新民晚报》读者服务中心的名义进行,可见媒体对我们的绝对信任。

但用户的年龄分布则是我们完全没有想到的:基本上集中在五六十岁,即退休前后。年纪太大的已经不适合在乡下长期度假居住了,年龄太小的又还在上班。

这也给我们提了个醒。在用户画像上,我们没有做到精准,而是有些粗糙。但这个产品本身是市场稀缺的,在那个草创时期,误打误撞也能做成一件事情。

甚至,上海即将退休的老人来联众任职的都有。这些人的特点是社会资源丰富,能量非常大,只要认可你的产品,他们会自行帮你去推广、宣传。

作为客户,甚至还有很多人在购买了“城仙居”的产品后,感谢联众圆了他们的梦想,甚至有名会员还说联众的产品救了她的命!

2019年夏天,我到联众开发的天目山浮玉山庄去检查工作,那里有名长期居住的上海老人,其实也不老,也就60岁左右。她看到我后热情地跑到跟前对我说:“余总,要感谢您救了我一命!”

我很惊讶，我们二人并不认识，怎么就救了她一命？

细问才知道，10年前她身体就很不好了，后来医院检查出她有严重的心脏病，而且都下了病危通知书，说也就是两三年的时间了。后来她看到联众在出租天目山浮玉山庄的房子使用权，就来到现场考察，这里的好山好水好空气马上让她不自觉地大口呼吸起来，她当下就决定要住到这样的地方来。

如今，10多年过去了，她的身体越来越好，心情也很舒畅。2019年底我去上海参加上海会员联谊会时，又碰到这名会员，她再次感谢我救了她的命。10多年来，她除了每年春节会去上海过年，其他时间都住在天目山，所以她觉得是联众给了她新的生命。

其实这10多年来，这样的案例非常多，长期待在空气好的地方，对身体的好处自然是不少的。

总体而言，上海老年市场对这一产品的认可度更高。所以，联众将自己的目标受众做了精细划分，一部分是活力老人，即五六十岁退休前后的人群；另一部分则是中青年人，他们对乡村生活的需求不是候鸟式的长居，而是周末休闲度假，更接近于民宿产品。

截止到2019年底，联众已经拥有近20万名老年用户，这是很可怕的市场力量。

但“城仙居”这个产品的发展，很快就遇到了瓶颈。从产品的生命周期来看，稍微短了点，但也是有原因的。因为这个项目的初心是扶贫，也就是从贫困农户的角度出发设计的。如果遇上农户脱贫，或者农户本身比较富裕的，那么农户参与经营的积极性和心态自然也就变了，这对于一个长达三四十年经营期限的项目而言，是有一定风险的。

更严重的问题是，我们虽然对农民做了大量培训，但消费场景毕竟是在农户家里，服务水准就上不去。前期市场饥渴期，客户也就忍了。后来产品丰富了，客户就开始挑剔，我们也担心联众的品牌受影响，加上当时进入这个领域的企业非常多，导致市场非常混乱，我们不得不开始探索别的出路。

“城仙居”模式的比重逐渐降低，后期甚至淡出联众的经营，到2010年左右，我们干脆停止了“城仙居”模式的运营。

回过头来看，“城仙居”模式只是在特殊的政策环境下、特殊的农村经济状态下的权宜之计，一旦环境改变，这个产品设计的缺陷也就暴露出来了。它可以解决目前国内大多数农村发展中缺乏启动资金和城市市场的问题，但无法解决产品后期的运营问题。

公司和产品都需要转型，但这并不意味着市场环境的变化。回头总结，我们应该是踩准了中国成长的节奏，才有了联众的市场空间。

首先，中国的工业化在进入1990年之后开始加速，尤其是加入世贸组织之后，中国的工业品畅销全球，彻底地动摇了几千年来中国人的安土重迁的乡土观念。大工业需要人口的集聚，像富士康这样的企业，其人口规模差不多就是一个城市，人口流动带来城乡结构的重构，最后的结果就是城市化。

从20世纪80年代开始，中国一直在努力避免超大城市的出现，试图通过就地工业化、城市化，化解城市化带来的通病。但经过30年的控制，最终不得不承认，核心城市、城市群的崛起是必然趋势，于是才有现在中国三大城市群的提法。

而城市化之后，农村资源的衰败或重生就一定会被提上议事日程。加上人们在陌生的城市里，远离故乡，让故乡变得充满温情。这种思乡之情、怀旧之情，是人类的共情。

于是，城市化带来的重构乡村的审美和心理需求，催生了乡村度假需求。也就是说，没有大规模的城市化，就不可能有乡村度假业态的出现。不可想象，人自己就住在乡村，还去乡村旅游。

其次，在欧美发达国家需要发展一二百年才会出现的老龄化，在中国由于大规模的计划生育，在短短的十几年里，人口就老龄化了。

从产业角度来讲，老龄化也会给老龄产业带来成长机会。由于老龄化速度太快，中国除了保健品行业，几乎所有行业都没有做好准备。

而联众，恰恰在一开始误打误撞地以乡村度假为切入口，提前占据了老龄产业的一块市场。从这个角度说，中国的城市化和老龄化是联众日后能够取得大发展的丰厚土壤。而一开始从文人圈里发现的文艺化，其实应该是另一个产品：民宿。

从产品形态上讲，“城仙居”很乡村，却一点也不文艺，它很浅层次地满足了人们对乡村生活的向往，是很基础的产品。

接下来，联众要用两条腿走路，一条是满足老龄化带来的养老和度假需求，另一条是满足城里人的乡村文艺生活需求。前者所面对的客群是相对年长的活力老人，后者面对的客群是追求文艺和享乐的年轻人。两个产品加起来，所有都市人都是我们联众的潜在用户！

联众要转型，要升级。相对而言，“城仙居”满足了对价格更敏感的部分老年人群，十几年过去，他们现在也都七八十岁了；而现在五六十岁的这代退休人群，虽然也可以划到老年人群，但其身体状况、精神面貌、消费能力和意愿，都与上代人完全不同。他们是改革开放和城市化的第一代受益者，是真正的自由人。如果要在中国挑选最像《共产党宣言》中所讲的“自由人”的一代人的话，那一定非这代人莫属。

所以，我们要及时调整产品，为“50后”“60后”准备好退休生活方案！

在这几年的实践中，我们实现了用户年龄层次的合理分布，甚至为“70后”“80后”设计了产品。但这批人现在还是职场的中坚力量，在经济向好的时候，消费能力旺盛，而经济一旦出现调整，其消费能力立马大受影响。事实上，这两年针对年轻人的产品，已经没有以前卖得好了。

而老年市场是很稳定的。

当然，在这个调整过程中，难免顾此失彼。2010年之后，联众杭州的销售额超过了上海，原因就在于针对年轻群体的产品成为公司的重头戏了。

但这是有问题的，很容易受到经济波动的影响。回归初心，我们用两条腿走路的战略实际上没有得到完全的执行，上海的一些老用户有所流失，刚退休的活力老人没有成为我们的用户，这是很重要的问题。

所以，最近我们重新调整了战略和人事，将重兵重新部署在上海，一方面招回老会员，吸引他们回归，以影响新的用户群体。另一方面，针对新老人会玩的特点，以慢生活学院为基础，通过互联网等手段，以文娱兴趣爱好为元素，将会员聚焦在联众旗下，让他们不仅可以来乡村度假，还可以培养兴趣爱好，实现退休生活的闭环享受。

甚至，我们要打造老年人中的“网红”。为此，我们举办了一个乡村体验官活动，邀请一些名人每周到我们的各个度假点体验。通过他们的参与体验和反馈，生产内容，通过互联网渠道向所有人传播，吸引更多的人来体验联众的产品。

上海的努力已经小有成效。前不久，我们邀请了一个作家来参加上海的会员活动；有一个会员是复旦大学的退休教授，拿了自己退休后的作品来分享——大家其乐融融。联众就是要打造这样一种与用户共建的平台模式，让客户在这里实现人生价值，而不仅仅是销售房子的使用权。每个会员都是我们的家人，这个理念贯穿我们工作的始终。

2019年，“城仙居”这个被联众停用了8年的度假品牌，在建德市得以重生，被赋予了康养的新理念。

回顾这段初创时期的经历，用一位四川领导的话讲：“你们是一个紧跟着总书记农村策略步伐的企业。”

之所以这么讲，是因为2010年浙江省提出淘汰落后产能、扶植新产业发展，农村大量废弃的厂房、宅基地闲置，我们开始利用这些闲置资源开发乡村酒店、乡村度假综合体；“十二五”期间，受安吉县“中国美丽乡村”建设成功的影响，浙江省制定了《浙江省美丽乡村建设行动计划（2011—2015年）》，联众提出美丽乡村运营计划，让美丽乡村产生美丽经济；2012年，国家将第一批共646个具有重要保护价值的村落列入中国传统村落名录，联众则开始做传统村落的保护性开发，让千年古村得以重生；2017年，党的十九大提出

“城仙居”最能吸引上海这样的大都市中的美女客群(黄丽霞 摄)

乡村振兴战略,联众这时已经具备从规划设计、美丽乡村代建、乡村酒店(民宿)运营管理、休闲农场、旅行社到乡村人才培训等的乡村振兴全产业链业务。

2019年,我们联合浙江省区域经济促进会乡村振兴委员会推出“百村振兴”计划,计划用5年时间打造100个美丽乡村。

联众的每一步,看似走钢丝,其实都在中央的政策下前行。没有国家的改革开放,没有国家对农村发展的重视,联众也走不到今天。

第二章　欢庭度假

以最核心的小切口入手，然后做成大产业，这是常见的企业发展套路。

“城仙居”拿下了十几万富裕的沪杭城市老年用户，接下来，应该为所有城市家庭提供舒心的乡村度假产品了。

老年人可能有过乡村生活的经验，无论是出生在农村还是短暂的知青下乡生涯。而年轻人可能纯粹是想换个环境，喘口气，然后再回到城市去搏杀。

两种完全不同类型的人，却可能是同一个家庭的成员。

“欢庭”乡村酒店度假产品的推广，一方面是应市场环境的变化，另一方面也是联众拓展产品线和用户线的必由之路。

毕竟，乡村度假是所有城里人都会向往的，而非仅仅是老年人。甚至，最有购买力的人群，其实不是老年人，而是中产家庭。

正好，21世纪的前20年，城市中产阶级快速崛起为市场消费主力；但同时，工业化不可避免地带来一系列的环境问题和城市喧嚣。最初的联众，便是为热爱乡村的城市中产阶级而诞生的。

为城里人换一口新鲜空气，换一口纯净的水，为他们提供一份没有车马喧闹的宁静乡村生活，让他们暂时忘却办公室格子间里的嘈杂和忙碌，便成为当下马上可以变现的乡村生意。

而此时，“绿水青山就是金山银山”的科学论断，又为这一城里人的念想，提供了第二番“大势”。

“欢庭”酒店，再一次顺势而为。

“08巨震”

于联众而言，发生在2008年的全球金融危机，与汶川地震一道，构成了生命主基调。这其中的生死考验，直教人事后也胆寒。

2008年首先发生了两件喜事，然后悲喜交加，直到2009年。其间经历，就是让人惊悸的过山车。真正是烈火烹油，不见得是好事；釜底抽薪，未见得是绝境。

2008年初，国内大牌投资基金赛伯乐投资集团（以下简称赛伯乐）正式投资了联众，本来把联众做到这个地步就是无心插柳所致，更没想过有朝一日能被国际资本看中，还有可能会做得更大，甚至进入资本市场。

其实，赛伯乐当初并不是直接找到联众的。2007年有几个大学生创业者在安吉县复制了联众模式，并找到赛伯乐希望能获得其投资，而赛伯乐这种投资集团肯定只投头部企业，于是辗转联系到当时的行业老大联众。

赛伯乐投资集团董事长朱敏那时刚刚回国不久，第一次会谈的时候他才发现自己以前就去过我们的第一个项目九思村，而且还萌生要开发的念头，只是因没有合适的团队而作罢。

有了这个渊源做铺垫，后面的谈判就顺利了。朱敏后来对我说，他投资联众更多是因为对农村的热爱，他曾当过7年的知青，是农村里的一把好手，后来在美国还有自己的农场，回国后一直想找个地方种种地，而联众是最有可能帮他实现这个愿望的。

赛伯乐投资联众已经十几年了，虽然从投资收益看已经翻很多倍了，但从未提出过退出，这确实有点不符合风险投资的常规做法。

B3 专版

2008 年 8 月 7 日 | 星期四 | 责任编辑 贺一祺 | 版面设计 林左钤 | 今日早报

1800 万创业投资瞄准农家乐

这种在国外流行的"乡村分时度假"正在杭州蔓延

□文/本报记者 贺一祺

核心提示

"政府不用出钱就可以建设新农村,农民不用出钱就可以就业增收,城里人出很少的钱就可以享受高档次的度假养老生活。"这个听起来有些狂妄、甚至带点理想主义色彩的新农村建设实践,在走过两年的艰苦创业期后,终于改变了一个又一个村庄,它们从贫穷走到了富裕,从落后走到了文明。

近日,赛伯乐(中国)创业投资管理有限公司对浙江联众休闲度假有限公司的这个新农村建设创新模式产生了浓厚的兴趣,并豪掷 1500 万元为其推波助澜。同时,由杭州市政府设立的创业投资引导基金跟进投资 300 万元,支持其参与新农村建设。

新模式——政府不出一分钱 破旧村庄换新颜

新气象——农民不出村 照样把钱挣

新机遇——好点子引来大投资

链接

乡村分时度假

"分时度假"是一种旅游新业态,是指经营者将度假酒店或度假村的房间使用权以周为时间单位卖给消费者,使用期限从 3 年到 30 年,消费者签约付款后,可以每年带自己的家人朋友在约定的时间内使用这些房间,也可以与类似条件的消费者交换房间和度假时段。

风险投资商(VC)

满载资本,寻找机会,把金钱投向特别具有潜能的企业,同时带入管理团队和经验,以实现利益共享、风险共担。他们往往以上市为目标,实现利益最大化。

城仙居

城,城里人;仙,像神仙一样的日子;居,第二居所。城仙居,就是让城里人过上神仙般日子的第二居所。这个居所,在自然风景区内(比如目前已开发的项目都是在天目山、莫干山、千岛湖这样的避暑旅游胜地)。这么好的地方,城里人只要花五六万元就可以拥有。

从浅层意义上看,它是一个 40 平方米左右的独立空间,一个回报达 30 年的投资,一种适宜全家老、中、青三代休闲的产品;而从深层意义上看,它是一种叫"慢生活"的时尚生活方式,一种将改变中国人未来旅游方式的东西。

延伸阅读

城仙居将把连锁店开到全国 50 个景区

会员以后可在全国各地交换度假住房

□本报记者 贺一祺

被赛伯乐和杭州市创业投资引导基金投资后,媒体对联众进行了整版报道朱敏也在联众找到了他想要的生活,在没有工作的情况下,他会带着家人到联众的民宿及农场过周末,种种菜,爬爬山,家里的蔬菜也是从农场带回去的。于朱敏而言,这既是理性的投资,又是梦想的生活。

当时,联众每年的营收在3000万元左右,利润有500万元左右,也算是一家还不错的小企业了。赛伯乐对联众的投资也引起了刚成立的杭州市创业投资引导基金的关注,其在2008年7月与联众举行了签约仪式,杭州市创投引导基金和上城区创投引导基金联合跟进对联众的投资。

时任杭州市市长蔡奇参加了签约仪式,并发言:"政府的创投引导基金投钱给农家乐,这很有意思。由此可以看出,创投引导基金并不排斥传统产业,特别是服务业这一块,关键是能否应用新的商业模式提升、改造传统产业。"第二年,由蔡奇主编的《商业模式创新理论与实践——以杭州市为例》一书出版,联众模式被收录其中。

2008年的开头,联众可谓是烈火烹油,鲜花着锦!

而这年的汶川地震,是联众的第一场"地震"。

震后重建时,浙江省援建青川。当时汶川、青川和北川,是受灾最严重的地方。2009年初,浙江省农办一位领导考虑到联众在新农村建设中的领头羊地位,便邀请联众参与青川的灾后产业援建。

我想都没想就答应了。有两个原因,一个是当初全国上下都在火热支持灾区的重建工作,能够参与其中是一种荣誉;第二个原因是在此之前,联众与灾区已经产生了非常大的关联。

2007年,经过多次往来谈判,我们与北川县政府谈了个合作,准备在北川县城旁的山中建设一个休闲度假项目。原定2008年3月动工,施工队都谈好了,也是因为2008年初事情太多,动工就被延后了。地震后,北川县城被封闭,我们到了北川后,县长安排车带我们去看时,整个老县城完全是一片废墟,整个山体倒下来覆盖了半个县城。而我们准备开发的那块地,就在地震的核心区。

汶川地震前，联众与北川县政府签约乡村开发项目（前排左一为余学兵）（资料图片）

我和朱为民两人站在废墟前，一边想着那些已经被深埋在废墟里的熟悉脸孔，一边也在庆幸联众躲过了这一劫，都止不住热泪盈眶。那时就觉得无论如何，都要回报一下这个地方。至于具体是青川还是北川，已经不重要了，就想着为灾民做点事情。

2009年5月，我第一次来到青川，这次也算是考察，看能否找到适合我们的资源。当我们站在东河口地震遗址上，得知原来的整个村庄被埋在脚下时，那种震撼让我瞬间决定留下来，为青川重建贡献联众力量。

根据产业布局和资源情况，我们最后选择援建青溪古镇。青溪古镇是阴平古道上的重要关隘，历来为商贾云集、兵家必争之地。《三国演义》中邓艾偷渡阴平灭蜀；明朝大将傅友德率军由阴平入蜀而令元龙州府归降；徐向前、李先念率红四方面军在此指挥了摩天岭、悬马关战斗。这些历史事件都和这座古镇有着密切关系。而位于国家级森林保护区唐家河入口处的区位优势,使其更适合发展旅游产业。于是我们借鉴“城仙居”模式开始了对当地农房的重建工作。

作为一家创立不久的公司,这样的公益投入可能有些超出自己的实力。但面对此情此景,我们也顾不得那么多了。

前前后后,联众在青川待了一年多,我自己也经常一待就是一周半个月的。当时整个县城一到晚上就陷入一片漆黑,真如鬼城一般,我们走路都不敢走边上,都走街道中间,担心摇摇欲坠的房子掉下块砖或瓦什么的砸到自己。直到后期越来越多的援建队伍入驻后,县城才开始热闹起来。

而在青川期间,余震带来的危险至今还历历在目:我们曾经被突如其来的余震引起的山体滑坡挡在路上;在住处被余震带来的房屋摇晃晃倒在地上,然后慌忙爬起来躲到角落里;半夜里经常被余震前的警报声惊醒,被地震时地下发出的轰鸣声惊醒;等等。

当时我还写博客,其中一篇发表时间为2009年6月17日0时42分的《青川感悟——余震》,让这一切宛在眼前:

在青川的时间加起来应该有两个多月了吧,每次来青川前,妻子总是叮嘱:“要小心点!”我知道简短的一句话中包含了妻子的千言万语,更蕴藏了她内心对我的无比担心。而我怕引起她更多的担心,也总是轻描淡写地说:“没事,8级都震过了,现在很安全了。”

其实,在灾区危险无处不在,特别是刚来那会,频繁的余震、山体滑坡,还有那一刹车轮胎就冒烟的大型货车,就在前不久,一个浙江企业的员工在修路时,被下坡刹不住车的货车给撞死了。

我已经想不起在这里经历过多少次余震了。虽然震级不大,不会造成什么大影响,但每次余震来的那一瞬间,伴随着地下发出轻微的“轰轰”声音,房子几秒钟短暂的摇动,我还是有一种头皮发麻的恐惧。

记得经历最大的一次余震，是在青川的关庄镇。这里就在东河口地震遗址公园附近，汶川地震时，整个东河口村就被巨大的山体爆炸飞泻而出的乱石埋了。那次余震的当时，我正在关庄和一个加拿大朋友在茶馆洽谈关于农房重建的合作事宜。突然，地底下传来一声低沉的轰鸣声，接着窗户也响了起来，感觉房子的一侧被抬了起来，马上又被重重地放回地面。虽然只有几秒钟，但我感觉到有一丝凉意掠过我的心头。

我们长期住在青川县城所在地——乔庄镇，这里有三条断裂带穿城而过，发生余震的概率还是比较大的，面对仍然时常发生的余震，现在感觉已经比较迟钝、麻木了。对余震的恐惧感也在逐步下降。现在也不像过去那么关心余震了。毕竟，除了余震，这次青川援建工作还有很多事情需要好好地面对。

这种余震的经历还是给我的生活带来了一些影响，回杭州后，有次和妻子逛超市，仓库铲车卸货时“轰”的一声响，我顿时浑身寒毛竖起，以为地震来了，愣了一会。

这样的幻觉经常出现。我们小区附近的文一路有段时间修路，半夜里大货车经过时的那种声音，就经常把我惊醒，那一刻我感觉仿佛在震区。

倒也不是怕死。其实在那个环境里待过，就知道死亡真算不上大事。有次我们出车，一块巨石落在前方，车开快些就砸在车顶上了。车过不去了，我们量了一下，沿边可能刚刚能过，但也面临着一面就是悬崖的危险。最后，我让所有人下车，我一人驾车，其他人帮我指挥，一边车轮擦着巨石，另一边轮胎的一半就在悬崖外，竟然开过去了，没有掉下去！我都不知道我那时候哪来的自信和勇气！

联众在青川的工作经受住了考验，我们援建的房子在余震中一点事都没有,我们也与当地的群众建立了深厚的感情。如今的青川,到处都是宁波桥、浙江路之类的有着非常明显的浙江痕迹的地标,县城风貌也不输浙江的普通县城。

2009年5月13日,我写了篇名为《“5·12”一周年,我在青川》的文章,为这段时间援建的成果做了个记录:

> 去年5月12日,汶川特大地震造成青川死亡4697人,失踪124人,15489人受伤,全县25万群众全部受灾,全县损失在500亿元以上。青川东河口山体崩塌,造成红光乡东河口村4个社、关庄镇1个社780余人遇难。
>
> 当我第四次踏上这片多灾多难的土地时,正好是地震一周年的日子,各个灾区用不同的方式纪念在这场灾难中逝去的人们。
>
> 如今,整个青川已经成了一个大工地,灾后重建已经让这里大变样,一年前留下的创伤正在逐步被抚平。
>
> 由浙江省援建的通往县城的公路已不再崎岖不平、坑坑洼洼,现在已经成为一条平坦大道了;各个乡镇的学校、卫生院也正在建设中;沿路一幢幢白墙黑瓦的崭新川北民居让灾民的脸上又充满笑意。
>
> 县城乔庄的人气也在逐步恢复,几乎每天都有新的商店开张,明欣广场商圈越来越闹猛,各个宾馆的入住率前所未有的高,饭店也家家爆满。
>
> 一个全新的青川正在逐步形成,在整个青川,重建工作还在如火如荼地开展。不久之后,一个美丽富饶的青川将再次出现在人们面前。

2018年,青川县委书记罗云邀请我去给当地的古村落保护工作出谋划策,接待我的很多领导我都很熟悉。他们很亲切地叫浙江人为亲人,一聊起10年前的事,就激动起来。

可以说,汶川地震对全中国人民的心理都产生了重要影响。

我在一篇发表时间为2009年5月26日23时50分的博客中写道:

每次来青川都住在明欣宾馆,宾馆处于青川原来最热闹的明欣广场。地震后,青川县城的大部分房屋都倒塌或成了危房,但这幢楼几乎没有受到影响。

我的房间在712,可在晚上想洗去一身劳累时却发现只有热水,没有冷水,打电话到总台,服务员告诉我:水厂供水压力不够。想想也就算了,地震后很多公共设施都受到很大的影响,自来水压力不足也就不足为奇了。只是要求总台第二天给我换个低楼层的房间。

第二天,总台服务员告诉我,已将我的房间换到512。512? 我当时就感觉这个数字是这么的熟悉,但我并没有把这个数字和一年前那场史无前例的灾难联系起来,行李一拿就到5楼去了。

下午,县招商局的段局长来找我,我告诉她住在512房间,她顿时问我:"512? 你怎么住在512房间? 这么巧的房号。"这时我才突然醒悟过来,难怪当时觉得这个数字是那么的熟悉,因为这是在灾区最为敏感的数字。

我不知道这个数字对灾区百姓来说意味着什么,也许它是个不祥的数字,但也是一个让全国人民记忆深刻的数字。难怪段局长会在我报出房号的一刹那就有了很多的感慨,并问了我那句意味深长的话。

是啊,对灾区人来讲,谁都不想提及"5·12",这一天对他们来讲就是山崩地裂,是满目疮痍,是世界末日,是恐惧,是揪心,更是终生难忘的一天。

5月12日，这一天，青山肃穆，江河呜咽！“5·12”这个数字被永久地刻在地震遗址的巨石上，也将永远刻在灾区百姓甚至全国人民的心里。

这次援建，联众共花了300多万元，还不算人力投入。本来这些钱也不算很多，因为销售回款很好，又有资本注入，进来的钱基本上也都投下去变成了资产，一切都很美好。

但我们从热火朝天的援建项目中回来后发现，由于2008年下半年发生了全球金融危机，大众的消费信心严重受挫，而联众的产品恰恰属于非刚需、提高生活品质的那部分，所以受影响非常严重。2009年的销售额几乎是断崖式下降：10月700万元，11月350万元，12月100多万元。2010年2月0元（春节期间）。

可以说，2008年，联众的北川项目被地震毁了；2009年开始，联众的销售被金融危机毁了。

一家创立不久的公司，马上陷入了困境。

关键是，援建不能停，还得咬牙忍痛坚持下来。

同时，“城仙居”的模式弊端也不断显露出来。因为金融危机，消费者消费信心不足，本应是奢侈品的乡村度假产品自然成为第一个被砍掉的消费预算。

销售受阻，必须马上找到方法应对。这时候，最初卖果园的经验又派上了用场：没人一下子买得起200亩果园，但拆分成200份之后，几乎人人都买得起1亩了。

同样地，一套五六万元的房子，可能大家的消费信心不足，但如果是每年买一周、一个月的分时度假房，那就很便宜，一般消费者也消费得起了。联众的度假卡系列产品也就是从那个时候开始起来的，记得那时候还和浙商银行联合发行“城仙居”联名卡，提高了公司的公信力，再加上我们送旅游、度假权益等多项促销措施，大大促进了度假卡的销售。度假卡的销售大大缓解了联众的资金短缺，度假房的销售也随之回温。

回过头来看，如果没有及时调整产品形态和销售策略，死守原来的模式不变，可能就没有今天的联众了。

而且，通过这个方式，可以把联众各地的度假房串联起来，形成对外经营的网络，这样，用户买到的就不是一幢房子，而是散布在全国各地的度假网络了。

联众最困难的时期是2009年到2010年，当时房屋大量建成，工程款要结算，农民工工资要发，我曾经几次被工人们堵在办公室要钱。农民出身的我非常理解他们在年关的心情，他们每个人都背负着一个沉重的家庭。

于是，从来不向人借钱的我放下曾经的“高傲”，开始向朋友借钱。让我没想到的是，事情非常顺利，朋友们对我出乎意料的信任，让我渡过了那两年一次又一次的难关，也让我深深地感受到“做事先做人”的道理。

每个创业者的创业史都是一把辛酸泪，遇到任何困难只能自己想办法。

当时敢借钱，也是因为我算过账，“城仙居”对想短住乡下的城里人来讲还是有一定吸引力的，销售只是时间问题，还款应该没什么大问题。做企业的，该冒的风险还是要冒。或许，所有的企业都是这么死里逃生过来的，联众的开局，实在是少见的顺利。

资金困境稍稍缓解，我们又开始从商业运营角度分析“城仙居”的优劣。首先，这个来钱快，但是后续收入没有了，全归农户。从企业的角度而言，后续运营不能产生现金流，就必须一锤子赚多些，但老年客群的特点又是对价格很敏感。所以，必须从现金流的角度，重构企业的产品和业务模式。

所以公司第二个模式中的“欢庭”度假酒店产品，基本上是以60%的产品销售覆盖成本，以40%的产品运营产生后续现金流，这应该是一个合适的、稳健的收入比例。

当然，这是后来市场回暖后的美好结局。在当年那么困难的情况下，也不是所有人都能冒险负债维持的，尤其当时正处于全球金融危机。

当初3个从报社出来的人组成了创业铁三角，我是第二大股东，朱为民是第一大股东。公司创立不久，其中一个小伙伴就因为公司一直做不出业绩而退出了公司，朱为民也在金融危机爆发不久后辞掉了所有职务，并减持了股份比例，这样我就成了联众的最大股东。

这也是很正常的，创业维艰，每个人对市场的判断不同，运营的策略出现分歧是很常见的。我和创始股东们分手之后，就成为联众的第一大股东，成了公司的实际控制人。那个时候债务缠身，我还是有非常大的压力的。

在外人看来，联众当时可能已经不行了。除了董事长易位，其他一些高管也离开了联众。在团队和业务都不稳的情况下，我完全是凭着自己对乡村的情怀和对度假市场的信心在支撑，并尽快让公司稳定下来。

可以说，公司创业团队的变动，在内部不亚于一场小型地震。从财务角度而言，此时公司“瘦身”是应该的，但当时那种天降大任于斯人，却空留大厦一人居的景象，想想都让人心酸。想到昨日还是人声鼎沸、欣欣向荣，如今空落落一人独撑，贾宝玉在面对众姐妹离去的大观园时的心情，与我当时的感慨，应该是很像的。

2012年正值联众成立8周年，面对内外信心的不足，在资金还没完全缓过来的情况下，我决定举办一场大会来重塑联众形象。我将会场放在浙江省人民大会堂，请了一些关注并支持联众的领导和专家帮我们站台和演讲，也邀请了各行各业的朋友、联众重要会员等800人左右参加了大会。我也如实在会上向大家汇报了联众这几年的情况。这场大会可以说是联众的一个转折点，很多人在会场碰到我就说：“我还以为联众已经倒闭了，没想到你们重新调整了思路，还发展得这么好。”

幸运加努力，我们终于渡过了险关，让联众这辆奔驰在希望的田野上的时代列车，平安地冲出三峡，进入了宽阔的大江大海。

回顾这段历程，从创业角度而言，坚持、信心最关键，这来自对市场的精准判断。但要让人敢帮你，诚信最重要，再加上合乎逻辑的市场分析。我这个人，情愿自己吃亏，也不让朋友受损，欠钱是一件很不舒服的事，所以我尽可能早地还清债务。

我很谨慎，因为联众模式一直被人形容为打"擦边球"，我要保证项目的安全。新农村建设的文件出来后，我们找人进行了非常细致的分析，寻找联众的生机和出路，将其作为产品设计和销售策略调整的依据。

正因为如此，用户也愿意跟我们共渡难关。有人在联众最困难的时候，信任我们，借钱给我们。直到现在，这批老用户跟我们依旧很亲热，我几乎也都认识，他们都是联众的家人！

联众的15周年庆典，评选了100名联众优秀用户。联众不仅是股东和员工的，也是用户的，他们是真正的主人。

短短的几年时间，联众已然告别了"城仙居"模式，进入了"欢庭"模式。有人说，媒体人主意多，善变，似乎是个问题。我反倒觉得，善变是对的，关键是变了之后要落地，而且战略不能随意变，但战术要经常变。直到现在，虽然公司盘子越来越大，但我对市场运营的介入还是很深，我一直没有离开过一线。

媒体人出来创业，敏感、创意是我们的基因，但一个公司里难免会有拘泥、跟不上变化的员工，甚至总抱怨我策略变得太快。我说过一句话：要么你跟上公司的变化，要么你在联众的每次变化中被淘汰。这其中的关键，在于如何将"善变"变成"善战"，我认为，我们的团队与我的配合是成功的，所以才有了我们员工那句引以为豪的话：

"联众一直被模仿，从未被超越！"

如果不是"善变"，恐怕早被模仿者拍在沙滩上变成前浪了，尸骨无存。

不过，虽然我知道自己在变，但在说出口之前，我会酝酿一段时间，等方案和时机成熟，我才拿出来。人经常有这种情况：想出一个主意，兴奋异常，觉得可以石破天惊，过几天再看，发现漏洞百出，完全经不起市场检验。

如果说要复盘，我觉得，我们的主线一直没有偏移，变的只是战术。就像果园还是果园，不过是200亩和200份的区别。

总而言之，2008年到2009年，我们乐极生悲，经历了汶川项目的地震、金融危机的地震、创业团队的小地震，平安地来到了2010年。

这时，我们的第二种模式——乡村度假综合体，正在向我们走来！

落子安吉:绿水青山就是金山银山

震出一个新世界,这才是进取的联众的态度!

发现了“城仙居”模式的短板,我们就要解决问题。此时,我们不得不承认:之前为农民解困的视角,让我们过多地考虑了农民的利益,而忽视了城里来的用户的利益。我们必须在其中取得平衡。或者说,我们现在要在保证农民的基本利益的前提下,开始为城里人圆真正的乡村梦。

另外,随着业务量的大幅增长,我们也无法像一开始那样直接面对每户农民做开发,我们只能与“大户”合作。

角色必须转变,首先是合作对象的变化:从村民改为村集体。

时间到了2010年,地点是安吉县报福镇统里村。

此时距习近平总书记(时为浙江省委书记)在安吉余村提出“绿水青山就是金山银山”的著名理念,已过去了5年。

当仁不让,联众要做践行新时代理论的先行者。

彼时,安吉县打出了中国美丽乡村的概念,《浙江日报》记者朱子一写了篇报道,标题叫《那山那房:中国美丽乡村的安吉图景》,将中国美丽乡村定义为“安吉的美丽乡村,正是从‘那山那房’入手,打造山地人居品牌,以农民内发性的发展诉求,寻求迥异于城市的农村社会新的发展路径”。

统里村,有山,有溪,有风光,更该有与现代生活相匹配的美丽乡村!

当时的安吉县,可谓是乡村旅游的福地。尤其是报福镇,基础最好。与镇党委书记谈过后,我们决定入驻统里村。

统里村自然条件不错,我们看中了村里闲置的小学校舍。随着城镇化的发展,大部分学生都跟随父母到城里上学去了,剩下的学生也到镇里的中心小学去上课了。废弃的小学校舍平时当仓库租给村民用,每年1000元的租金还经常收不到。村里也一直想找一个投资商来开发利用这个资源,于是我们愉快地谈好了合作模式。

这也是第一个完全由我们自己报建的项目,方案得到了有关部门的同意,在拆除原校舍后在原址进行重建扩建。由村里按照公司的方案进行报建,公司出资建设后获得40年经营使用权,但房屋资产仍然归村集体,40年后经营使用权也彻底归还村集体。而且,我们第一年给村里10万元的管理费,以后每年还有递增,这对当时的统里村来讲可是一大笔钱,可以解决村里的很多问题。

其实我们是较早地将农村集体建设用地的所有权、资格权、使用权分开的公司,这在当时也算是一种突破性改革。要知道村集体闲置的建设用地"三权分置"制度直到2019年第十三届全国人大常委会第十二次会议后,才具备法律层面上的合法性。而我们在2010年时,已经与村集体这样合作了,联众再一次走在了政策前面。

从市场层面分析,由于老年市场的价格天花板太低,我们当时根据上海市场的情况,想优化用户结构,推出针对中青年用户的产品。取名"欢庭"也是看中了不断增长的家庭出游市场。我当时给"欢庭"做出了这样的解释:"一个欢乐的原生态庭院、与自然对话的私家花园、感受乡土气息的梦想驿站。"这也是我想打造的理想乡村生活。

在统里村建设的"山水统里"项目虽然外面看起来是酒店,但里面其实还是"城仙居"的模式。所以其运营模式,除了合作对象的变化,其实与"城仙居"并无太大区别,算是"城仙居"与"欢庭"之间的过渡产品。

尽管如此,但"山水统里"是我们从卖房转向卖生活后的第一个乡村度假综合体项目,我们也走出了原有的物业式管理模式,组建了"欢庭"酒店管理团队,开始专业的酒店式管理。

从比例上看，我们出售了60%的物业使用权，这部分与“城仙居”一样；另有40%物业自持运营，为联众带来了稳定的现金流。这是血泪教训的结果，之前联众将使用权全部卖光，一旦市场出现危机，便无可持续的收入，特别是项目一旦断档，公司就会有大的风险。

由于联众的持续运营，服务水平的提升立竿见影。以前跟在联众后面的是盖房子的模仿者，从“山水统里”开始，跟在后面的就是民宿等高端业态的模仿者。

当然，也有一些人还停留在“城仙居”模式而不能自拔。我们之所以果断转型，其实还有一个政策方面的背景：当时的临安区域对农房没有高度限制，所以帮农民盖四层楼，出售三层留一层自住是有利润的；而安吉县当时已经规定只能盖三层，这意味着原有的模式无利可图。果然，一批跟风进入的团队，后期因为建筑超高被拆违，损失惨重。

直到现在，两地的发展差异还是很明显的。安吉的客源以上海人为主，他们要求高，消费也高，在临安天目山农家乐住宿只要五六十元一晚的时候，安吉已经过百元了。在杭长高速开通之前，安吉与杭州的关联度很低，而上海人一脚油门就沿高速到了安吉。

在市场规范方面，我们在天目山时，政府没有及时介入，所以后期村庄建设有些失控；而安吉县政府很早就开始对农村发展乡村旅游进行规范，所以整体品质提升很快。

而把“欢庭”定位为乡村度假综合体，则是源于我自己对城市综合体的研究。2010年后，杭州市区甚至市郊开始出现以银泰城为主的多家城市商业综合体，而且规模越建越大，数量越来越多，但综合体里的客人却从未因综合体数量的增长而减少，反而越来越多了。一到中午，几乎综合体中的每家饭店都需要排长队。这种集购物、娱乐、餐饮、休闲等多种业态为一体的综合体模式吸引了我，于是我就想，如果把这种模式复制到离城不远的乡村去，是不是会更有市场？

首个“欢庭”乡村度假综合体就这样诞生了。后来我又针对综合体设计了不同的主题，如休闲度假综合体、航空主题综合体、东吴文化度假综合体、蓝莓庄园综合体等。而所有综合体均采取“客房长租＋酒店运营”的模式。

既然是酒店运营，就得完全摒弃以前农户的服务，代之以规范的现代酒店管理。但乡村最难找的就是人才，特别是管理人才。我们曾经聘请过专业酒店管理人员来做店长，但这些人都待不住，农村太单调了。店长由公司委派，但团队成员还是要用当地的，这有利于乡村风味的保持，也能促进当地农民的就业。用当地人还有一个好处：每到春节，城里的酒店严重缺乏服务员时，我们的服务员由于就在家门口上班，回家吃个年夜饭又可以继续到酒店上班。

“山水统里”现在的店长朱爱玲就是外地嫁到安吉的媳妇，人很好，服务很热情，经常收到客户的表扬信。她一直在做公益，每个月为当地的老人免费理发。我们也鼓励她一直做下去，后来她获得了“最美安吉人”的荣誉称号。朱爱玲工作出色，人缘好，还被选为安吉县人大代表。

上一次我去“山水统里”的时候，中间已经隔了好几个月没去了，她看到我就说：“余总你好久没来了。”我说：“只要你在，我很放心，不用来也知道你管得很好。”所以说，做服务只要用心，用户就会满意。

在朱爱玲的带领下，“山水统里”不但团队最稳定，客户口碑最佳，业绩也一直在联众所有酒店中名列前几位。

经过联众的开发，“山水统里”这一名称，现在成了统里村的风景区的名称。就像前期的“立塔人家”项目，也变成了立塔村的风景区的名称。

“山水统里”开业后，村里本有的漂流项目也重新焕发了青春，另外的民宿项目也开展起来了，还有木工坊等时尚体验项目，就连酒店对面的面店都说生意好了很多，整个村子因我们的酒店开始变得越来越热闹。

从2018年夏天开始，统里村每年开办“山水统里开竹节”，用竹子做各种漂亮的造型，再配上灯光，一到晚上，整个村子流光溢彩，吸引了大量的游客。

与“城仙居”的产权模式一样,“山水统里”项目的所有权仍然是村集体,村里一分钱不花,原先估值50万元的废弃校园,现在评估价值最少在3000万元。且村集体第一年就有10万元的收入,现在每年付给村里的管理费是15万元左右。

浙江省在农村土地制度改革上一直走在全国前列,相对而言,全国层面反而在这方面的政策上比较保守。2008年,中央农村工作领导小组办公室在调研重庆“全国统筹城乡综合配套改革试验区”后,提出以下担忧:首先,土地承包经营权入股后,一旦经过股权转让,则非农村集体成员也可能获得土地承包经营权,这与现行的土地承包制度发生冲突;其次,一旦入股企业破产,土地则可能用于偿还债务,农民面临失地风险;再次,按照《中华人民共和国公司法》的规定,公司股东不超过50人,而农地入股的公司股东大多超过百人。这些可能出现的情况,都与现行的《农村土地承包法》冲突。因此“股田制”改革被叫停,改为进行农民专业合作社建设。

无论政府内部有何争执,我只认准一个道理:对农民有利的事情,做就是了!浙江人本来就敢为人先,浙江本来就是出改革、出经验的地方。联众这么多年坚持只做乡村休闲产业的开发,和我认为的我们能读懂农村、读懂农民有关系,我们认为自己有责任为农村的发展做些事情。

2009年10月14日我写了篇名为《两只老鼠的故事》的博客:

> 现在真正待在农村的大部分是老年人,显然要建设社会主义新农村不能把所有的责任放在已经尽了大半辈子社会责任的他们身上,他们年迈的身子也承担不起这个担子了。
>
> 外出打工的年轻一辈,自打放下书包那天起就再也没干过一天农活了,他们在城里赚了钱,但他们赚钱的速度怎么也赶不上房价上涨的速度;他们也想做个城里人,可城市的高门槛把他们拒绝

在外。于是他们用赚到的钱在老家盖起了楼房，等老了，打工打不动了，好回到那个永远不会舍弃自己的乡下老家。对他们而言，老家才是最安全的、最值得信任的。

房子盖好了，他们继续自己的打工生涯，因为盖房子用掉的钱还是要去赚回来的。回到城市，他们租住最便宜的房子，房子周边随处可见蠢蠢欲动的老鼠；而在老家的房子由于长久不住，也被老鼠盯上了，成了它的安全窝。就是这两只老鼠，一只在城里，一只在乡下，它们啃的都是打工者的血汗。

农村到城市的瓶颈不打开，农民和市民不能真正的平等，这两只老鼠就会永远存在。当然，新农村也不可能真正建设好。

从某种程度上说，为市民和农民争权益，也是为联众争取生存空间。后来的事实一再证明，浙江人在趋势的判断上是有把握的。

在联众的发展过程中，这样的争议一直伴随着，但联众从未被击倒。前段时间一个朋友跟我转述了一位浙江省政协领导与他有关联众的谈话，认为联众的很多工作是政府想做而没有想到的，很多地方是看到有关联众的报道，受到启发后才开始启动的。

2019年10月，在2019世界休闲发展高峰论坛“休闲与乡村振兴”平行分论坛上，我作为唯一的业界人士发表了一篇关于乡村文旅融合发展的论文。台下一个博士生在我演讲结束后提问说，在浙江一个最普通的村庄该如何帮助其找到与市场接轨的资源或者发展的方向。

我说，前些年浙江省通过对农村基础设施的改造提升，应该说全省的农村都已经很美丽了，但同时大家也都意识到，仅仅建得美丽是不可持续的，一旦政府放手，村集体恐怕连维护好那些花花草草的能力都没有。这就必须使美丽乡村创造出美丽经济来，总的来说，就是村里要有产业，要有市场化运营。

《农民日报》社浙江记者站站长蒋文龙跟我说，最近政府在研究乡村品牌化的课题，我说，我们近期也在做美丽乡村运营，运营的前提就是品牌，品牌既是运营的前提又是结果。像联众的丽水下南山项目，就已经成为非常知名的乡村品牌，仅2018年就接待了1700多批次政府考察团，还上了《学习强国》平台。

我认为，联众的探索完全符合习总书记提出的“绿水青山就是金山银山”的理念。从村里的角度而言，绿水青山不会自动变成金山银山，否则它们早在百年前的农业社会里就是金山银山了。必须有联众这样的公司将乡村资源盘活，用现代商业手段去塑造可售的文旅产品等可交易的商品，通过市场化运作，绿水青山才会获得商业价值，农村面貌才会彻底改变。

后来，我们管理团队内部学习讨论后，专门去余村考察学习。绿水青山是环境，联众模式就是把绿水青山卖出金山银山的价值。

在我们启动“山水统里”项目时，正值浙江省制造业转型升级的关口，很多落后产能企业被淘汰，导致大量村集体的厂房和校舍废弃，政府文件也开始鼓励农村利用闲置资源发展乡村旅游产业。此时民间资本的出现，就是为政府解忧，为农村雪中送炭。

“山水统里”项目结束后，我们与赋石水库的管理方安吉县水利局达成了合作，将赋石水库的废弃知青宿舍改建为乡村度假综合体——“赋石山居”，这是联众产品系列中真正的首个度假酒店，与“城仙居”模式完全不同。

酒店建成后，得到很多新老客户的青睐，首先是这里的一半房屋都有一个院落，夏天在高大的樟树下乘凉非常不错，类似于别墅式酒店；部分客房还被设计成可以一睁眼就能看到月亮的透明窗屋顶。“山居”上了档次，来的客人也就不一样了，其中就有好几个企业老板买了房屋的使用权长期入住。不过，来的客人还是以上海、杭州的中老年人居多，年轻人还在打拼赚钱，就算送他一套乡间别墅，他估计也没空来住！

“赋石山居”项目是联众做的第一个高端项目，其中山坡上的房屋拿来做长租，山脚部分房屋拿来做酒店，同时雇用酒店团队来管理整个项目，酒店的配套同时向租客开放。带露台的套房房价达到1800元一晚，而房间、卫生间均为透明玻璃屋顶的星空房也要几百元一晚。这个项目算是联众真正走向酒店化管理，按照“欢庭”的理念经营的第一个项目。

“山水统里”项目虽然已经开始酒店式管理，但由于房型还是“城仙居”，所以离酒店还差那么点味道。

其实，“欢庭”这个名字当初是为莫干山项目取的。

2006年左右，莫干山地区的“洋家乐”、民宿之类的产业都还没有起来。当地林业部门邀请我们去看一块地，看看是否可以开发，结果走错了路，到了莫干山镇的何村。

下车一看，这地方不错啊，茶园、稻田、竹林与散落在山坡的农房融为一体，非常像欧洲的小镇。我们有了找村干部聊聊的冲动，便问一个正在小溪边洗菜的阿姨：“可知村干部在哪里？”

阿姨指了指刚从车子上下来的一个汉子：“喏，他就是村主任！”

一了解，何村的养猪场污染严重，池塘水发黑发臭；小学校舍废弃后，以每年几百元的租金承包给农户作为仓库，租金还经常收不到，大会堂也变成了仓库。其对于村集体资产的处理好像和统里村差不多。

村集体几乎毫无收入，连村干部的工资都发不出。

当即我们就提出了合作开发的意向，村主任也很开心，带我们去了镇里，和镇书记直接谈。洽谈很顺利，双方都有明确一致的意向，很快就达成了开发协议。

我们把村里的小学校舍、大会堂、养猪场一起拿下进行拆旧建新，开发成一个旅游度假村。当时就根据项目定位取了新的品牌名“欢庭”，不过后来我们考虑投资回收的时效，还是按照“城仙居”的模式来进行长租销售了。本来还想留一部分做酒店经营，结果销售太火爆，索性就全部长租了，并命名为“春风何村”。

"春风何村"项目也成为莫干山下最早的一个旅游综合开发项目，是当时最风光的乡村旅游目的地，成为德清县乃至湖州市新农村建设的样板，经常接待来自全国各地的政府考察团，这种利用村集体闲置资源开发乡村旅游的模式在当时还是新事物，所以受到社会的关注比较多。直到"洋家乐"、民宿开始兴起。

莫干山下最早的度假项目"春风何村"是联众开发的（刘建人 摄）

莫干山下的"洋家乐"，起初就几个外国人自己租了间农房，周末从上海来度假。后来引起了很多人的关注，这才开始销售，那时就要卖5000元一个晚上，包吃住。再后来慢慢有了民宿的概念，莫干山地区的农房也从几千元一年涨到几万元一年。有外国人做噱头，再加上高价与原生态装修带来的新奇，吸引了大量投资客到莫干山开民宿，莫干山也开始成为高端民宿的集聚地，民宿从业者的圣地。

现在，莫干山民宿虽然没有以前那么火了，但整体经营效益还是比一般地方要好。可以说，我们是看着莫干山民宿慢慢发展起来的，见证了莫干山民宿的崛起。登临避暑胜地莫干山,对联众而言是很有象征意义的一个举动。

当然,10多年过去了,莫干山下大规模开发,各种高品质项目纷纷涌现,莫干山区域已成为国内乡村旅游的高地。现在的"春风何村"项目已经远远落后于这些新项目,当地政府领导已经在催促我们更新升级。但在当时,我们是打了头炮的。

这个阶段,虽然从盈利角度以及社会效应角度看,联众模式是非常成功的。但我一直想打造的乡村旅游度假综合体的概念却未能真正实现。究其原因,除了乡村与城市的生活模式不一样外,乡村旅游的淡旺季太明显、人员不集中也是一个原因。一座银泰城的落地能带活整个区域的房产发展,也就带来了人气,这才能带动一片区域的综合消费。但来乡村的游客只是过客,无法实现长时间驻留,消费更是未知的。也有很多乡村曾经开办过类似的城市消费场所,最后无疾而终。可见,乡村综合体如何做,其实还要继续探索。

那时的安吉政府在乡村硬件建设上很有前瞻性,2008年开始通过美丽乡村建设项目让农村变美,而后研究如何将其转化为美丽的乡村经济。因为当时的农村面临的普遍问题是,政府可以通过投资改造实现乡村变美,改善人居环境,但变美后如何才能有效益产出,如何产业化、市场化运营呢?

正是联众这样的企业将整个乡村景区化,实现了政府不能做的事:通过在美丽乡村植入产业,实现产业复兴、乡村振兴。

安吉的美丽乡村建设最开始就要求每家农户门口必须打扫干净,类似于城里的"门前三包"。通过评比,把卫生搞得好的和搞得不好的家庭都挂在村口,人都是要面子的,同在一个村子里的农民更要比一比了,这样就把一个个的村子搞得干干净净、漂漂亮亮了。来玩的上海人看到这么漂亮的村子就想着住一晚,度一个周末。于是游客从观光到吃个农家乐,再到住一晚,现在游客住一个月甚至几个月的都比比皆是。有客人住下来就有了新的消费，整个安吉的大小景区、家庭农场、民宿等基本都是在这个阶段慢慢发展起来的。

先把村变美，再把集镇变美，渐次递进，最后整个县成了大花园。安吉之所以能在乡村振兴上有现在的成就，不仅仅是因为他们会搞卫生。安吉县在景观规划设计、建设上还是舍得花钱的，这和很多政府不愿意花钱做规划不同，最早从事乡村规划业务的规划设计公司大多是从安吉开始的。鲁家村的成名也是和村支书当年借债做规划分不开的。

在建设上，与其他地方修路时讲究横平竖直不同，安吉故意将乡村道路修得弯弯曲曲，让游客多了些遐想和驾驶乐趣，道路两旁一年四季都有不同的花卉以野生状态种植，一路行来，一路花香，营造出一种不同的乡村自然趣味。

通过安吉两个项目的落地，我们见证了安吉美丽乡村的崛起，更践行了"绿水青山就是金山银山"的理念。

现在各种资金都抢着进到安吉去，安吉的房价都要比周边高，这便是明证。

如今的安吉人，幸福得像花儿一样。

舍乌镇而就龙门

一看这标题,你是不是觉得天底下怎么会有这么傻的企业?

联众就干了这件“傻”事!

“赋石山居”项目完工后,安吉已成为开发热土,开发成本越来越高。同时,联众当时的销售重点还是分享度假卡,卖得也很好,所以安吉这边的项目就暂时放一下了。

分享度假卡其实就是西方国家流行的分时度假卡。分时度假模式在国内推广时,有部分代理商收了钱跑路了,还有些客人买了卡后由于那个阶段的签证问题,分时度假宣传中的一些国家去不成了,导致各媒体大量报道关于分时度假的负面信息。为了区别,我们就取名分享度假卡。

记得推广初期,我们跟海南的20家酒店进行合作,把它们的宣传易拉宝在杭州吴山广场一字排开,并在现场用电视机轮番播放海南度假风光,效果非常好。当年冬天我们主打的就是海南过冬度假产品。因为联众自己的酒店数量有限,与外面的酒店合作就成为必然。

分时度假在国外也是因为房地产行业不景气,开发商才想出把房间拆分成若干份卖给消费者的主意,消费者还可以在平台上与其他消费者形成互动,交换度假房间。联众卖分享度假产品时,正值2008年金融危机后,这是“城仙居”度假房滞销后衍生出来的新产品,与国际分时度假产品的诞生有着惊人的相似度。浙江大学的王婉飞教授自1997年开始介入我国旅游房地产与分时度假的研究,是国内最早研究分时度假的学者,她就非常看好联众的乡村分享度假模式。王教授每年都会邀请我去给她带的旅游硕士班、博士班的学生们做课堂分享。

其实，这种分时销售的模式很有生命力，不仅当初在国外流行，近年来大量的共享产品其实也和分时概念差不多。只是当时互联网没有现在这么发达，其销售面比较窄而已。直到现在，分享度假卡仍然是联众的一个很重要的产品。每年冬天的过冬避寒、夏天的避暑等度假产品销售都很火。2018年，我们开通了广东惠州巽寮湾的度假线路，组了巽寮湾的首个过冬候鸟团，从12月初每周出团一直到春节前。

为了让度假卡项目更好地发展，联众又成立了欢庭国际旅行社，最大限度地降低运营风险。如今联众的度假卡业务已经非常成熟，除了过冬避寒和避暑，还有各种门类的度假卡，如丽人卡、丰收卡等，我们还分别和浙商银行、广发银行合作发行了联名度假卡。

这个还是比较厉害的，和银行的合作需要接受银行的各种调查才能达成。

安吉项目之后，我们的主要精力都在销售度假卡和库存度假房上，从2012年开始便没有开发新项目，直到2015年，我们来到龙门古镇。

古镇其实并不在我的开发计划中，我们觉得乡村和古镇还是有区别的，古镇并不适合“城仙居”的定位。

早在2006年左右，我们曾经接受桐乡市乌镇政府的邀请去考察。我去看了一下，当时东栅景区门口乱成一团，三轮车拉客的非常多，感觉不像个能成大气候的地方。说起来可能会被人笑话：我们竟然拒绝了乌镇的投资邀请。

乌镇之所以要拉我们去，是因为当时乌镇西栅还没有起来，非常缺乏住宿业态，与当时最火的周庄完全不在一个档次上。为了吸引开发商，乌镇开出的合作条件也非常优厚，但我还是拒绝了。一是我们当时的思路就是“城仙居”，觉得这地方不适合做乡村度假旅游；二是乌镇这样的古镇实在太多，江南不缺古镇，很难做出特色，我们就婉言拒绝了。

现在回过头来看，其实还是我们目光短浅，现在乌镇的发展整体上超过了周庄，甚至开始对外输出管理模式，像近年来声名鹊起的古北水镇就是乌镇的运营方去做的。

错过乌镇，我当然是后悔不迭。但从另一个方面讲，也只能如此。乌镇后来的运营商实力很雄厚，如果当初是我们介入，乌镇不可能有如今的大手笔，也就不是现在的乌镇了。任何事物该是你的，就是你的；不该是你的，命中注定你就得不到。

事实上，乌镇引起市场关注也是因为西栅而非东栅，东栅可能连西塘都不如。

错过乌镇快10年后，我们遇到了富阳龙门古镇。龙门古镇不走西塘模式，因为是个大的居民区，容纳不了那么多游客，当时停车、吃饭的地方都没有。第一次和镇领导谈，我就提出来建一个以休闲度假为主的古镇，当地领导非常认可。与乌镇相比，龙门由于客人少，更安静，不熙攘，清雅，可以让人待下来慢慢感受这个千年古镇深厚的历史文化。

其实，此前龙门古镇已经开发成旅游景区10年了，一直不温不火，每年约有15万人次的客流，但对一个距离杭州仅半个小时车程的景区而言，这样的人流量还是太少了。主要原因还是古镇业态不够丰富，我们的入驻算是古镇有了第一个正儿八经的业态。

最后我们看中了在古镇核心区的一片新建的农民房子，这里位于景区的核心景点砚池旁，新建的一幢小楼房和古镇建筑风格格格不入，严重影响古镇的景观效果。这片房子最后由政府回收拆掉后，再整合项目周边的农民危房、蘑菇房拆旧建新，交给我们按照古镇风貌进行重建，正好满足了风貌恢复和业态丰富这两个主要诉求。双方一拍即合，就此开干。

公司高管和投资大咖朱敏一起在龙门农场种地(洪 珊 摄)

龙门酒店是我们第一次介入古建筑运营的项目,我花了非常多的心思。从外面看起来,酒店是粉墙黛瓦的传统建筑。进到室内,为了体现东吴文化,我们全部用了进口的木料,防火、隔音效果比砖石房子还要好。

软装也花了大钱,所有的家具,包括厅里陈设的战袍、厨房里的碗筷,全部定制。以周瑜、大乔、小乔、孙权命名的房间,也都因人物身份的不同而有不同的设计,“孙权”房的价格现在是每晚1800元。

当初的设计充分考虑了游客参观和领导视察的需要,以及龙门东吴文化元素的体现,有专门的参观线路,做出了类似于博物馆的格调。

建成后的“欢庭·龙门印象”,是全国首家东吴文化主题酒店。游客可能在这个居住着90%以上孙权后裔的古镇里找不到东吴文化的痕迹,但在酒店里面处处都可以感受到东吴文化的冲击。我们虽然第一次做古镇项目,但一出手就做成了文化地标。

但与此同时，有关古镇保护等议题，时不时会困扰我们的发展。现在回头看，虽离开媒体行业多年，但我的社会角色可能还是个媒体人，一直在抬头看天，仍不免指点江山，寻找行业的出路，而不仅仅关注联众自身的运营。

我关心小产权房，关心乡村度假，关心经济新模式。

虽说一入小镇深似海，但各地政府的发展冲动也是很强烈的，这给了我们一起创新的信心和力量。就在此时，建德航空主题小镇出现了。

2010年，杭州市提出构建"中心城市（市区）—中等城市（五个县城）—小城市（中心镇）—特色镇—中心村—特色村"梯次衔接、功能完善、以大带小、节约土地的网络化、组团式空间结构。杭州市规划设立了26个中心镇，为了破解城镇化建设中普遍面临的人才紧缺问题，杭州市在2013年组建了由后备干部、业务骨干、专家志愿者等组成的杭州市中心镇建设工作指导组，作为派驻全市26个中心镇的"智囊团"。

2013年，我作为专家组成员被委派到建德市寿昌镇挂职，指导当地的中心镇建设工作。

寿昌曾经是县治所在地，为浙西大镇。20世纪60年代，这里曾经热闹非凡，人丁兴旺，很多技术人才都涌入横山钢铁厂，头戴笠帽，脚穿草鞋，顶着烈日挑土方，为梦想奋斗。最辉煌的时候，横山钢铁厂有1万多名职工。

这家钢铁厂当时是苏联提供技术援建的，随着中苏关系恶化，苏联专家撤走，钢铁厂就陷入了困境，加上正值三年困难时期，后来干脆停产。横山钢铁厂旁边的生活区，设施齐全，就是一个成熟的小镇。

在我挂职的时候，联众是没有能力做成整个项目的。正好，联众的投资人赛伯乐投资集团与建德市政府合作建设航空小镇，有了挂职与赛伯乐这双重关系，联众作为第三方加入合作，投资建设了"在云端"航空主题酒店，该酒店是航空小镇成立后的第一个业态。

这个小镇虽然名为航空小镇，但是上到在天上飞的，下到火车、汽车等都有涉及,可以说是涵盖了目前我们比较常见的交通工具。在这里,你可以体验坐直升机到空中看建德、看千岛湖,也可以睡在旧时的绿皮火车里穿越到儿时的记忆中去,还可以在汽车公园里过一把赛车瘾。还有横钢纪念馆,保存了那个时代的印记。当年的横钢也成了一个吃喝玩乐一条龙的度假综合体。

航空酒店项目在联众的项目中属于另类,项目周边还有温泉酒店、水世界、卡丁车基地,从客群定位来讲,是小孩们喜欢的,因此每到暑假,人气爆棚,平时团建的客源也较多。特别是酒店里面的太空舱,非常受小孩子的喜欢。我儿子就很想在里面住一晚,可惜每次我带他去酒店的时候太空舱都满了,至今他还没体验过。

“龙门印象”和“在云端”航空主题酒店是联众真正意义上的两家酒店,品质上算是偏中上水平。这两家酒店我们也不再卖房间的使用权,而是卖分享度假卡。但从定位来讲,在“欢庭”系列酒店中,这两家都与乡村度假无关,而是两个社区,主题完全变了。但那时候特色小镇概念很火,我们从小处着手,也参与了一把小镇的业态建设。

回头看这两个项目,从发展定位而言,这是我们面向中青年群体、面向家庭度假客源的重要尝试,虽说也取得了成功,但其终究不是联众的核心优势。尤其是在这段时间,我们太想打造面向中产家庭的度假产品,反而在某种程度上忽略了对老年客群的维护。如我们的慢生活学院,本来是非常有成长性的项目,结果在后期发展得不尽如人意。我们在公司还没有成熟的阶段,没有抓紧核心优势和客源,撒手扩张,导致力量分散,反而无法聚焦于自己最擅长的领域。

或者说,随着城市中产阶级和白领对乡村度假的需求被激发,民宿这类产品已经开始火爆。联众本来在这个领域有着强大的实力,但也因为我对这个行业的判断而受到影响。我对这个行业太熟悉,在民宿最火热的时候,我多次在公开场合以及文章中提出这股火是虚火,要给它泼泼冷水,我大概是第一个给当时火热的民宿泼冷水的人，公司自然也没有全力跟上去做民宿。其实在民宿的发展上，联众早期的模式还是非常值得推广的，以农户自己家的闲置房屋作为经营主体，农户自己经营，再加上联众统一投资管理，导入客源，指导培训，等等，这样的民宿自然不会亏。如果把“城仙居”的每幢房子都算作民宿的话，那联众就是国内规模最大的民宿投资管理商。

总之，在航空小镇项目结案后，联众又回归了熟悉的乡村旅游度假赛道。2015年，我远赴贵州黔东南州，与政府一起打造蓝莓庄园，这也是我们在省外的第一个度假项目。

2005年到2010年间，联众基本以每年一个“城仙居”项目的节奏在推进，到了2010年之后，“山水统里”、“赋石山居”、“龙门印象”、航空酒店、蓝莓庄园等大型度假项目开始上马，基本上也是每年一个项目的节奏。

由于度假卡的销售见好，我们不再强调某个单体项目，而是强调一个度假网络的概念，那么必须在全国有项目。

麻江县距离黔东南州的州府所在地凯里市半小时车程，那里有10平方千米的蓝莓种植区，据说那里有国内最好的蓝莓。接到邀请时，我一听就很感兴趣，觉得这个可以，与我们的乡村度假定位很吻合。而且，黔东南州经济以旅游为主，基础很好，就麻江县比较落后。麻江县提出要发展农旅结合的产业，其中一个核心项目就是蓝莓小镇，而蓝莓庄园又是小镇的核心项目。

整个黔东南州的少数民族文化氛围很浓厚，苗族、侗族风格的酒店到处都是，我觉得我们这个酒店要体现出不一样的风格，既要充分体现时尚现代的风格，也要有少数民族元素，当地领导很认可这个构想。我与设计师多次沟通思路，经过好几轮设计方案的讨论后才定稿。

蓝莓庄园是联众在浙江省外非常重要的一个乡村酒店项目(罗贵明 摄)

蓝莓庄园建成后，成为整个黔东南州最好的度假酒店，其颇具美式风格，又不失当地少数民族风情，现代与传统文化得到了很完美的结合，房间里有地热，还有室内温泉、室外泳池，躺在客房浴缸里就可以隔着玻璃窗欣赏漫山遍野的蓝莓。

这个项目将整个区域都带火了，从2016年10月12日开业那天开始，县里在庄园举办国际乡村音乐节，参加者上万人。酒店成为当地政府会议接待、同学会和企业培训等的主要场地。

我自己也因该项目而被当地政府聘为旅游发展顾问，与麻江县有了更深层次的接触。

后来有次和麻江县委书记王镇义聊天，他告诉我："酒店装修期间我一直很担心能否达到自己预想的效果，所以建设期间一直不敢来，一是怕失望，二是怕来了之后发表意见，影响你们的设计和建设方向，直到开业那天我才彻底放心，这就是我想要的效果。”

不过，蓝莓庄园的生意不算好，主要还是当地为非旅游目的地的原因，不过会议、聚会、活动业务很多，散客来得少了点，特别是五一、国庆等大节日生意远远不如浙江这边好。

后来我才了解到，在当地少数民族风俗中，几乎天天在过节，他们对节假日没什么特别的感觉。蓝莓庄园所在地的海拔在900—1000米，气候非常适宜居住，夏天最高温度也只有30摄氏度多一点，晚上还要盖被子，所以夏天从杭州等地过去消暑度假的客人非常多，有的一住就是一整个夏季。这几年交通也方便了，从杭州到凯里乘坐高铁只需7个多小时，乘坐飞机只要1.5个小时，再加上黔东南州与杭州一直是对口城市，两地的互动也越来越多了。

我对“欢庭”品牌的定位原来是做乡村度假综合体，面向的是整个家庭的乡村度假需求。这些年来，虽然联众有更多项目落地，但我想做乡村度假综合体的想法还是没能完全实现。

最初，我想利用乡村的优良环境，以及距离城市1.5个小时车程内的交通优势，将吃住行游购娱一条龙全链条实现。后来实践发现，由于来乡村的客流是有季节性的，而且是非固定的，不像城市综合体主要为周边居民服务，有相对固定的消费人群。

乡村度假综合体要像银泰城那样带动一个区域的商业发展，其实是有难度的。像书店、咖啡吧等业态，在纯粹的酒店里就比较难做，自己做丰富不起来，别人怕赚不到钱不愿做。总体而言，专业的事情还是要让专业的人或机构去做，这也是后期联众建了合作商联盟的原因之一。

一日慢生活　一生美好

《我们不该为他们干点什么吗?》,这是我于2015年4月27日在博客上写的文章。

我之前关心的是农民,后来加上了客户,或者说,城里的中老年人。

这篇文章其实是“马后炮”,因为在2014年,慢生活学院首期课程已经开始了。

但这是个新鲜事物,有没有可行性,于我们而言,心里并没有底。在互联网时代,社群运营是必然的,但这个平台并没有互联网属性,而是比较传统的线下社团。

在这篇回顾性的文章中,我写道:

> 联众老年大学经过数月的谋划,终于在年前招生了,结果火爆程度远超出我们的想象。原本招收2个班的计划不得不扩招为4个班,还不断有电话进来咨询报名。
>
> 联众10年前就将乡村休闲产业的客户群体定位为中老年人,忙了大半辈子的他们太需要休闲了,记得当年我们第一个度假产品的广告出去就吸引了近4000个来电。如今,当联众再次推出老年大学项目时,和当年一样火爆,而我在欣喜的同时更多的是感慨。
>
> 去年一个初冬的早晨,我跟往常一样在西湖边晨练时,看到前面有两个在漫步锻炼的老人在打招呼:
>
> “来了?”

“来了！”

“来了就好！”

然后擦肩而过。

这简短的招呼胜过了千言万语，有他们彼此的关照，有他们对老去的无奈，有他们对生活的热爱，有他们对余生的期待……

我顿时眼眶一热。

出于工作的原因，我经常会和不同年龄、不同文化背景、不同生活状态的老人交流。我发现他们都有一个共同点，那就是渴望被关注。

是啊，他们曾经也和现在的年轻人一样辉煌过，他们曾经也是单位的顶梁柱，他们曾经更是儿女们崇拜的对象。

但如今他们老了，他们当年的光辉正在逐渐褪去，但他们的心依旧火热，他们更需要一个新的平台来展示自己，他们更需要一个新的组织来关心自己。

我们都会老去。趁着年轻，我们难道不应该为正在老去的他们做点什么吗？

这么多年来，联众做了。

我们建立了慢生活会员俱乐部，老人们可以免费加入，更有很多的免费活动机会，老人们在这里可以找到志同道合的老友，可以寻回自己的爱好，可以回到当年的快乐时光。我经常收到他们寄给我的感谢信，其中的真情流露总让我感慨万千。

如今，联众再次开办老年大学，而且免费入学，我把这当成是为这个群体所尽的一份责任。

当然，面对2亿多人的老年群体，联众所做的太微不足道了。我呼吁社会上更多的人能为这个群体贡献自己力所能及的一份力量。

的确，他们太需要你我的关注了。

与“城仙居”的用户分散在农户家里不同，“欢庭”的用户与联众的日常联系更为紧密。因为欢庭乡村度假综合体以“酒店＋房产”为核心，融购物、旅游、娱乐、休闲、餐饮等多种业态于一体。这个模式的特点是，选择在地理环境良好、有发展旅游业优势、地方特色浓郁的乡村，由联众出资，村里出地，政府出政策，村民出服务，凭借农村自然景观、田园风光和农业资源，充分满足游客休闲度假一站式的消费需求，使当地成为城里人“周末乡村度假目的地”。

而这些环节，都不是农民能完成的，需要联众以非常专业的服务去满足。

此外，与其他客群不同，老年人还有一个特别重要的需求：基于兴趣爱好的社交。这个环节不产生利润，还要公司付出成本，但于用户而言，却是一项非常暖心的服务。

另外，很多人对老年人有误解，认为老年人只要吃好穿好就行了，这其实是谬误。人为退休准备好的最大的财富，不是钱财，而是社交。

根据英国学者邓巴的邓巴数字理论，人在原始社会就形成了关于社交容量的概念，一个人同时能够紧密社交的对象不会超过七个人，比较松散的社交对象不会超过147.8个。一旦超过，氏族就得裂变。一旦不足，人的社交就会不足，人类会感觉孤独。

现代人与古代人不同。大部分古代人的社交对象从一出生就固定了，所以不会有因为退休而产生的社交缺乏问题。而现代人不同，随着读书、工作、迁徙等，一生中的社交对象不断变换。但是，只要在职场，人们基于工作关系而结成的同事、同行等社交关系始终存在。

但退休就不一样了。以前的同行、同事关系可能会因为工作关系的结束而突然断裂，一个人马上会陷入没有社交对象的困境。因此在现代社会，尤其是在退休后，人们一旦脱离了自己熟悉的社区，社交问题就会变得非常严重。

此时，那些性格开朗、兴趣爱好丰富、会玩的人，就会在老年群体中脱颖而出，成为领袖级人物。而那些不太会玩的，必须通过学习兴趣爱好，加入某些团体，重建社交关系。而那些不会玩或脾气不太好的，就会变成孤独老人。

老年大学就是非常好的社交平台。

而联众则是更好的平台。因为能够成为联众会员的退休者，本身就是玩家！

我也是在与用户打交道的过程中发现这一点的，于是公司主动帮会员牵线，建立各种俱乐部。在此基础上，我们发现，很多人想玩而不会玩，有非常强烈的学习和成长需求，于是老年大学就被提上议事日程。

于公司而言，老年大学一方面服务会员，另一方面也能吸引非会员参与，让他们成为联众的会员。

我相信这个项目是有价值的。因为社会上政府主办的各类老年大学一座难求，联众老年大学一定能够对此形成非常有益的补充，甚至会比政府主办的老年大学更专业。因为相比而言，我们的用户活跃度更强，又拥有对乡村生活的强烈向往这一共同的兴趣爱好，因而社团组织也更容易。

当时的招生简章开宗明义：

> 老年人要体现自我价值的这种意识在不断加强，他们对老年教育的希望，不只停留在课堂里简单的课程上。“老有所学”是基础，除此之外他们还想要的是“老有所乐”，甚至是通过老年大学“老有所为”。而能满足老年人这种更高层次精神需求的老年大学，在美国、日本等发达国家有不少，但在我国寥寥无几。
>
> 将老年大学的课堂教育与休闲旅游、社会活动相结合，是联众

老年大学优于其他老年大学最重要的一点。将教室内的常规课程和休闲旅游相结合，把来自不同家庭背景、有着不同性格爱好的学员组织到一起，让他们带着课堂上学的东西，或走进乡村田间，或是去另一个地方感受不同的文化习俗。联众的学员不是只在社区公园里打转，而是去更广阔的地方拓宽视野，在旅游中增长见闻，以“走出去”的方式，打破自己的“小圈子”，丰富人生的体验。

联众老年大学将老年人组织在一起，让他们以一种社会团体的形式出现，以群体的姿态发挥自身优势，参与社会公益活动，甚至是为社会创造经济效益，从活动中获得更深层次的精神满足感，萌发自豪感，再次体会到“被需要”的感觉，“老有所为”，这就是联众老年大学优于其他老年大学的一大优势。

但说实话，很多事情越做才会越明白。一开始，联众老年大学的重点不可避免地放在教学上，也开设了很多后来看起来比较“傻”的课程——这些课程在参观者看来很高大上，但在用户那里则未必受欢迎。比如书画班，很多人其实是坐不住的，这也与联众的业务几无关联。

当时我们要解决的痛点更多地着眼于政府和社会，比如老年大学一座难求，我们正好通过这个方式增加用户的黏性，提高老年人的休闲生活品质，也能用民间力量解决社会难题。

在2015年9月10日的联众老年大学声乐班的开课典礼上，学员们和会员代表共同见证了联众慢友会俱乐部的揭牌仪式——这应该是抓住了问题的根本。

我们将退休生活理解为“慢下来的优雅生活”，将其与快节奏的求学和职场人生阶段做出明确区分，因此将联众老年大学命名为“慢生活学院”。在此基础上，为更多热爱休闲生活、崇尚自然健康的各界人士提供分享兴趣、参与活动的机会和交友的平台——慢友会。

金融就怕鬼迷心窍

2012年11月7日，一家媒体以《“城仙居”掀起乡村免费度假风暴》为主题，报道了联众的“免费乡村度假活动”。

乍一看，联众貌似惹上了麻烦，但实际上，这是联众的一篇公关稿，为这个有异议的活动做解释说明。

文章说：

> 联众通过召集1000人来体验度假，帮助联众宣传推广度假平台，同时体验者将获得每年价值6000元的度假权益，可以到全国各个著名度假区免费度假。而联众也将通过这1000人亲身体验后的口碑效应获得巨大经济效益。
>
> 这个体验活动为什么还要收取保证金呢？联众度假集团负责此次活动的袁总在接受采访时表示：“度假是一种高消费，联众提倡的乡村度假生活也是如此，因此，我们通过保证金的方式设置了一道门槛，让真正需要度假的人来体验、宣传、推广乡村度假生活。”

当然，保证金的安全也是很重要的问题，文章对联众的行业地位、资产状况、合作方和股东方等情况做了说明，直言“联众在3年保证期间能够继续生存”。

你可能很难见到如此坦诚，但也如此没有底气的公关文吧。因为保证金是3年为期，就直言3年内联众能够继续生存。

之所以如此，是因为市场乱象导致真正做生意的联众感受到强大的市场压力。随着旅游度假市场的繁荣发展,这个万亿元级别的庞大市场催生了数以万计的企业、公司,吸引了优质资本的进入,但也吸引了部分不良商家进行非法融资等违法活动。它们打着度假的名义,实际上做吸储勾当,不但严重破坏了市场秩序,打击了客户积极性,也违反了法律法规,性质恶劣且影响深远。

度假市场方兴未艾,依旧处于飞速发展的阶段,非法融资不但影响了企业的合法收益,也严重打击了客户的信任度。

联众的个人度假业务板块也受此冲击,略显萎靡。混乱不堪的市场环境使得劣币驱逐良币,让客户不敢轻易涉足。在这个大环境下,如何规范行业准则,提高客户信任度,将是一个亟待解决的重要问题。

上面这篇文章,便是在这种很无奈的情况下发出的。

本来,民营企业对于金融服务的渴望是真实存在的,银行信贷、私募资本融资、整体项目融资、商业信用融资、信托融资等金融方式,都是常用工具。联众从事的业务,是回报周期相对较长、利润率低的行业,资产虽然真实存在,但在当时的法律框架下难以作为贷款抵押物,联众便也不得不接受一些民间的投资。尤其是2012年金融危机尚未解除的阶段,民间融资是很正常的。

我们的"龙门印象"项目,就是通过当时流行的众筹模式,在项目开建前由消费者提前参与投资、建设和运营的。

2014年8月21日,我写了篇博客——《农业众筹之路》:

> 7月初,浙江的一家以乡村旅游度假为主业的企业——浙江联众乡村旅游发展股份有限公司,在网上的一条股权众筹信息被广为传播,短短半个月时间认购金额就达到了1000多万元,到月底已经达到了1590万元。据《2014年中国众筹模式上半年运行统计分析报告》中的数据,上半年股权众筹发起融资事件430起,募集金额

近1.56亿元。显然,1590万元的金额在众筹业内是不少了。

在线上,众筹已经成为互联网最热的名词之一;而线下,众筹更是无所不在。在咖啡、客栈、出版、农产品以及公益等各行各业都出现了众筹的身影。难怪有人会感叹,众筹将成为互联网金融的一大突破。

这次众筹的标的,便是杭州市富阳区的"欢庭·龙门印象"酒店。

这次众筹的回报设计是这样的:每份3万元,每年可以拿到15%的度假权益,度假权益可以在联众所有度假村内使用,每人限认购3份。

当时的设想是,城市化的发展让城里人渴望美丽乡村生活,城市的压力和喧嚣也催化了下乡潮的猛涨。这个时候,如果让一个城里人花很少的钱就能参与建立并经营一家原生态的民宿、一家具有乡村气息的度假酒店,哪怕就是一家普通的农家乐,我想也会让众多的城里人羡慕不已。其回报可设置为每年在该酒店的住宿时间加上利润分红。而投资人的人脉圈又带来了酒店的客源,形成一个良性循环。

众筹活动中,投资人本身并不参与经营,对项目发起人也完全是出于信任。这个时候,发起人的诚信越发重要,各类财务数据要公开,要及时分红和分配,要舍得分享,一旦出现违约行为可能就会影响整个众筹行业。

当时,我对这种金融服务是很看好的,认为众筹将为"三农"的发展打开一个新局面,我们每个农商不仅要懂得如何去策划、利用众筹所带来的机遇,更要珍惜这个机遇,让刚刚起步的众筹成为普惠"三农"的福音。

但是,一些不法商家利用人们对度假的兴趣,推出了一些根本没有任何资产托底的纯粹金融产品,以高额利息作为诱饵,非法融资。这便脱离了为实体融资的本意,而变成了纯粹的金融产品。

人们常说跨界竞争,腾讯微信和网易易信、阿里来往的竞争,弄垮了电信运营商的短信业务;阿里推出支付宝,抢了银行的业务。当然这是正面的例子,但负面的例子更多,在那几年里,凡是与金融沾边的,几乎都被金融化了,最后都被金融玩惨了。

再加上互联网金融的发展完全脱离了人们的掌控,众筹模式也很快被玩坏。或者说,整个金融市场上,出现了长达5年时间的乱象。

这当然只是问题的一个方面,另一个方面是我们的用户偏老年,而从事后看,手中有余粮但缺乏投资渠道的老年人恰恰是这波金融乱局的最大受害群体,我们的会员也不例外。

以P2P为代表的互联网金融于2014年左右在市场上左冲右撞,以高额回报为诱饵,大量的联众会员被拉去投资,真正的度假产品销售变得非常困难。真是想不到,本来联众在与度假市场上的同行竞争,结果最大的压力来自金融乱象!

联众怎么办?只能将度假产品也打包成类金融产品,度假是免费的,但需要一笔保证金,相当于将投资回报转换为度假产品。虽然不得已而为之,但我们还是不想将之做成金融产品。

当时我们面临很大的压力,和银行一样,客户资金在大量转移,人们都要赚快钱,年利10%都太低了,人家根本看不上。没有人愿意把钱拿来买度假卡,买度假房屋。

凭常识就能判断:月利15%,相当于年利180%,什么行业能有这么高的利润?但还是有很多心存侥幸者愿意把大把大把的钱交给这些原本认都不认识的企业去生息。

但市场在发疯的时候,谈常识是会被鄙视的。我们的不少业务员也被金融公司拉去,大批会员也被之前熟悉的业务员拉去购买。因为我们是一次性销售提成,而金融公司是每年都提成一次,而且提成比例更高,这种利益,是个正常人都经受不起考验。

至于老年人,就更是如此了。看着别人每月的利息那么高,哪能不心动?

文首的那篇文章,也是我们被迫向金融产品学习的一步:将投资回报的度假权益折算成现金,细算一下,差不多也是年利10%了。

到了后来,这种模式也不大走得通了,因为大家都要直接拿到钱,就变成了纯粹的金融产品,陷入了恶性循环。如果我们也这么干,一个项目以两年期为准,利润还不够覆盖融资成本!

可以说,这几年的互联网金融乱象,释放了人性中恶的一面,将很多具备社会良知的企业逼到了一旁,大行其道的是一些没有底线的,一看就是以骗财为目的的公司。

可能有些公司也像联众一样,被迫放弃向银行等传统金融机构贷款,改而向用户开放融资。到了后来,钱甚至多到花不完,有些公司干脆做起了投资。但是,市场上投资回报每年能达到10%的实业其实是很少的,到后来,这批投资爆雷的就非常多。

至于那些存心骗人的公司,一开始就没打算归还本金吧。真正应了市场上那句话:你看中人家的利息,人家看中你的本金。

有些联众会员来问我联众怎么样?可能很多人为了拉业务,会以各种方法打消他们的疑虑,但我会跟他们讲:你们不要问我,要看联众、看联众的产业再决定,任何投资都有风险,联众自然也不例外。如果要我建议,那么你要看对方企业资金有无挪用,企业发展的市场前景怎么样,与政策导向是否相符,此外多到公司实地考察,因为企业出事前会有很多迹象,在把握这几点的基础上,自己评估、决定。

好在联众虽然被迫跟进,允许会员投资公司,但是完全是从公司的业务发展需要出发,很稳健,绝对不忘初心。

联众不像有些公司没有自己的资产,我们有大量的实体项目,我们是跑不掉的;更关键的是,我们有近20万名会员和大量的农户合作方,从社会稳定的角度出发,万一联众玩金融出了事,那不是一般的P2P公司爆雷可比的。所以,联众的风险控制要排在营利前面,是第一位的。

印象金山碧湖。联众从不玩虚的，所有的项目都是有实体的(徐　晖　摄)

我们经常请银行的人到联众来做金融风险讲座，如果要推理财产品，也是走银行途径。我们只能通过各种途径去告诉客户不要太相信那些高利息的社会融资产品，要回归理性，特别是适合老年人生活的旅游度假消费。

正因为我们坚守了底线，这波金融乱象虽然也对联众业务造成了相当大的影响，但联众没有成为牺牲品，我们仍然是一家乡村旅游休闲度假公司，我们的财务状况越来越好，会员对联众的信任度越来越高。

饶是如此，我还是很怕，到了2016年P2P高峰到来之前的5月，面对越来越疯狂的市场，联众果断刹车退出市场，暂停销售所有类金融产品。2019年后公司开始逐步停止融资型度假产品的销售，重新回到度假产品的正常销售上来。

果然，时间不长，"击鼓传花"的游戏玩不下去了，我们有很多会员的财富在一片"雷声"中，一夜之间化为乌有，大批P2P从业者成为司法案件的主角。

很庆幸，我们守住了底线，踩了刹车，我们的现金流几乎不受影响。说实话，有些同行企业本身资产没有多少，全靠租赁，一旦融资停止，或者一踩刹车，可能公司就没有了。

你说我没有动心？谁不喜欢钱呢，但我不赚看不明白的钱。生意逻辑其实很简单：有差价。互联网金融的确也有差价，但是负差价，那你就连传销也不如，怎么可能是正经生意呢？

所以，我们后来也借鉴其他开发商的融资模式，以项目名义融资，这样的话，投资人可以知晓自己资金的使用方向，最大限度降低风险。事实上，我们的很多项目也不全部是联众的投资，而是有很多投资方的，联众是实际的操盘方。这些投资方有国企，也有个人投资者，投资主体比较多元。哪怕中间真有什么风险，有实物资产在，与金融玩法完全无关。

相比一般的开发商，我们自有资金比例是很高的，加上十几年的项目积淀，所以大家对联众的项目融资非常积极。有个项目，总共投资额才800万元,准备融一半,结果一个月时间不到,意向资金达到了1200万元,我们只好把一些小额的投资者劝退。这也是将来公司操作的方向:只向证券市场意义上的合格投资人开放。

从2020年元旦起,联众从上海市场开始,把类似产品全部停掉,然后再停杭州市场。别人可能是没钱清,我是想清没办法!但这一步一定要走,一定要回归到度假产品的销售上来,我们不能做成一家金融公司。虽然这个好卖,一转手就是利润,但这不是我们这样的企业干的事。

我总结下来,公司如人,一定要看商业逻辑,不要看人家一下子家业撑得很大就眼红,就觉得自己这么辛苦,走得太慢。不符合商业逻辑的东西,迟早要还的。

其实,度假和其他产品一样,都是有市场价值的。只不过,有人想赚快钱,把市场搞乱了,逼良为娼。好在如今云雾散去,真正想度假的人就买度假产品,市场重新进入良性循环轨道。

这几年面对金融市场,用清初孔尚任的传奇剧本《桃花扇》中的话说,“眼看他起朱楼,眼看他宴宾客,眼看他楼塌了”,前后也不过5年时间。但这5年时间释放的人性之贪、金融工具之恶,人们还需要花更长的时间去消化。

附
想象中的生活出现在我们面前

蒋文龙

从2005年最先的“城仙居”开始，到后来的乡村度假综合体，再到后来的乡村运营，联众走过了不平凡的征程。其中前8年，也就是到“欢庭”酒店这段征程，是本人见证联众一路“长大成人”的过程，颇有一说的必要。

这段时间，正是中国的经济社会发展出现剧烈变动的时期，而联众正是这种变动中值得研究的一个案例。联众的发轫和发展所折射出的，正是这一背景下人们需求的巨大变化。

就此而言，我不仅有必要，而且有责任记上两笔。不过，不是以专家的身份，而是以旁观者兼亲历者的双重角色。

助推联众走向全国

从2005年开始，我关注到有联众这样一家公司，它在浙江农村与当地农民合作开发乡村休闲度假公寓。当时的模式是利用农民的宅基地，翻建成四层楼房，底层还给农民居住，上面由联众一次性出租给城市居民居住。30年期满后整幢房子物归原主。

联众模式让我眼前一亮。作为《农民日报》的记者，我们平时奔走在传统的种养业之间，对新兴的农村产业可谓特别敏感。一方面，我对联众超前把握经济社会发展趋势的眼界以及投身农村资源开发的胆魄深为钦佩；另一方面，我心里免不了有顾虑：联众开发的是否属于小产权房？这对环境是否会产生破坏？房东和住户能否和谐相处？等等。

跟联众的交流接触，让我第一次直面农村集体土地政策，也让我对如何把握新生事物形成了规律性认识。我想，无论如何，联众的开发有利于农村居民增收，有利于城市居民度假，有利于其公司经营，也有利于农村经济发展，这样一种各得其所、四全其美的做法为何不大加鼓励，大力推广呢？

浙江是改革开放的前沿阵地。浙江成功的重要经验是，党委政府对新生事物从不拒之门外，更不是一棍子打死，而是允许试验，允许探索，允许失败。联众所实践的，实际上是对我国沿袭已久的农村集体土地政策法规的思考，这不是挖墙脚，不是钻空子，也不是打“擦边球”，而是一种新的建设实践。马克思关于生产力和生产关系的理论早就告诉我们，当生产关系束缚生产力发展时，生产关系的调整和改变就无可避免。

2008年，我和同事柯丽生一起，对联众模式进行了深度解剖，并以《“联众模式”引发热议》为题，在《农民日报》头版头条浓墨重彩地推出。报社还组织记者采访了有关政府官员、专家学者，连续5期对联众现象展开讨论，结果大家异口同声，认为这是新农村建设中一种值得推广的做法。

《农民日报》是党和政府指导“三农”工作的权威媒体，在理论和实践处于模糊状态之际，《农民日报》总能站在全局的高度，高屋建瓴，引领“三农”发展。联众由此走出浙江，走向全国，以至各地参观考察者纷至沓来。

我想，当一种新模式处于成长初期，特别是在其遇到阻碍之时，作为记者，如果能够为其创造良好的环境，或者给予其力量和信心，助其脱颖而出，那么也就不枉做记者这一遭了。

当年，在本人推荐下，农业部将联众模式确定为新农村建设的典范案例。联众从躲躲闪闪、遮遮掩掩中走出来，从政策的模糊地带走出来，名正言顺地实施项目开发，得到政府和社会越来越广泛的推崇。

爱之深，责之切

但对联众不遗余力的宣传推介，并不意味着我认可联众的产品。我只是从职业的角度，认为联众的探索具有新闻意义和价值，值得推广和学习，而对其开发的产品则并不苟同。

我参观过联众的第一代产品，如天目山的“大有桂谷”“九思湖畔”等，尽管山水风景如画，乡村风情浓郁，售价也十分低廉，但我不敢恭维。有时候我甚至感到，这种产品只是图解了人们对乡村生活的向往，借着人们对城市生活的逆反，将生活居所从城市搬迁到乡村的一种商业行为而已。在这里，尽管人们零距离接触到乡村的风土人情，但作为产品本身，其没有灵魂，没有文化，也没有思想。这令人十分遗憾。

但联众一直在努力，在修正。此后，我参观过联众在淳安金峰乡、德清莫干山镇、安吉报福镇等地开发的第二代产品。它们不再是利用农民的宅基地进行直接合作，而是利用农村闲置的集体资产，如学校、厂房、养殖场等进行联合开发。这些产品在层次上略有提高，但仍然不能令我向往。在我看来，它们只是解决了消费者和房屋主人在一栋楼房里混住的问题。

但我无法描绘出自己真正的向往，我只知道，这不是我想要的产品，直至野奢酒店的出现。

2014年，余学兵陪我参观了安吉的乡村度假酒店。我感到其与我的想象一下子接近了许多。尽管它们承袭了联众选址的一贯喜好，如必定是有山有水，风景如画，但作为建筑本身，它们终于出现了生命的迹象。在经过9年探索后，联众懂得了如何赋予建筑以生命和灵魂。它不再是简单的生活居所的搬运工，而是真正开始潜下心来，将产品作为品牌进行打造。我突然开窍，原来我想要的并不仅仅是生活环境的改变，而是生活品质的真正提高。我们不仅要身有所栖，更需要心有所依！

在联众成长的漫长时间里，我多次与余学兵交流探讨。我总是直言不讳，尖锐地提出意见，希望联众的发展更快一点。余学兵脸上挂着那副招牌式的“余式微笑”，不做辩解，也不加反驳。但他生命不息，探索不止，默默无闻地耕耘着，忽然有一天你会发现，他又前行了一大步。

记得那天路过“大有桂谷”，我故意出难题，请余学兵评价一下自己的第一代产品。不料学兵异常坦诚，他认为这种开发模式尽管带动农村经济发展的成效明显，如星星之火，已经燎原，就此而言联众功不可没，但作为一个产品开发，它并不成熟，不仅缺少文化，而且对乡村资源环境造成了一定程度的破坏。学兵表示，乡村休闲度假市场竞争日趋激烈，联众要想胜出，一定要在文化上做文章。通过文化，完成产品的差异化，形成与竞争对手的区隔；通过文化，继承传统，对乡村建设形成新的引领。

这次交流让我既激动又兴奋：乡村休闲度假在中国是完全新兴的一个产业，联众白手起家，从一笔一画开始摸索，没有借鉴，没有参考，筚路蓝缕，全凭一腔热情，本就令人感佩不已；而学兵对联众的自我批判，使我刮目相看。我想，只要有反省，无论是一个人还是一个公司，就都有可能长成参天大树。

我的口袋能否捂住

听学兵多次盛赞安吉赋石水库的项目环境，说那里不仅有连绵的群山，还有广阔的水面、参天的大树，环境得天独厚，不可多得。他领我前往一看，果不其然，我很是喜欢。在如今喧嚣的城市生活中，这种静谧的去处，足以安放人们浮躁的灵魂。

但我内心不免存有担忧：自然环境如此优越，如果念歪了经，岂不辜负了老天的恩赐？毕竟，联众是家以营利为目的的商业公司，将其开发成一个农村的商业地产，也是再正常不过的行为。

不料学兵经过缜密思考，不声不响猛然间推出了乡村度假综合体的概念，并且将其命名为“欢庭”。在他的理念中，联众不再是农村商业地产的开发商，而是乡村休闲度假优质生活的供应商。“欢庭”也不再是普通的房产楼盘，而是乡村休闲生活的集聚区。这里不仅有部分楼盘可供出售，更可以提供充分的商业环境，有餐饮，有住宿，有购物，有旅游，还有休闲，等等。人们在此能得到的，除了赏心悦目的自然环境，还有城市生活的惬意和享受。

这不能不令我再次折服。学兵平时参加活动多，外出学习多，与业内高手交流多，他不会放过任何一个开阔眼界的机会，这让他能够不断地进步。每当一段时间不见，他总是能滔滔不绝地向我诉说新的见闻、新的思考。但他其实并不是一个爱交流、爱表达的人。

乡村度假综合体的推出，既在意料之外，又在情理之中。我有时候想人与人的聪明才智只有一步之遥，比如城市综合体向乡村度假综合体的延伸顺理成章，但业内那么多高人，偏偏就只有学兵能够及时回过神来。

我由衷地认为，乡村度假综合体的概念将联众的经营层次提升了一个档次。如果说联众以前只会在农村造房子、卖房子，那么自此之后，联众就成了一家有文化、有品位的公司。尽管联众还在卖房子，卖的还是农村的那些房子，但连同房子一起卖掉的，还有文化！而且，乡村度假综合体可以复制，可以在大城市周边大规模的推广，联众从此可以走上快速发展的道路。

另外我还听说，联众度假卡的销售也十分火爆，一个月可以卖到300多万元。人们持有度假卡，就可以到联众签约的酒店和度假村消费，今天在浙江，明天在海南，后天到贵州，这是一种何等惬意的生活，这是人们生活富裕起来以后梦寐以求的日子啊。

说到底，这又是一个诱人的新概念。

不好，我得将口袋捂得紧一点。我知道，联众善于炮制概念。只要你给学兵一点时间，只要让他开口，他的概念就能打动你。

但我也深知，我的口袋终有一天是捂不住的。

第三章　乡村振兴

而2015年我们去考察时，距离村庄上一次维修才2年，但因无人居住、无人打理，村子复又杂草丛生，呈一片破败之象了。

近年来，国内具有重要文物保护价值的古村落正在加速消失。据有关专家统计，中国古村落数量在2000年到2010年的10年间消失了数十万个，相当于每天消失300余个自然村落。

如果无人入住，长此以往，下南山也难逃被废弃的命运。

好在下南山有其独特优势：与一般村庄不同，下南山交通很便利，离高速口就两三分钟车程。下南山村的名字很好，"悠然见南山"，都不需要多解释。我们希望在这里打造一个"大隐隐于市"的"南山"。

说实话，下南山的山水风景不算最好，尤其是缺水。但先天不足是可以通过工程改造补足的，还好最关键的条件，比如天时、地利、人和，都是齐备的。

2016年初，我们开始正式就该项目的合作开发进行洽谈，并签约对下南山进行"保护性开发与利用"，当年11月就正式施工了。

从地理位置上讲，下南山依山而建，屋舍呈阶梯状分布，泥墙青瓦的建筑外貌风格统一，错落有致，是瓯越风情古建筑的典型代表。

这便要求我们必须以学习的心态，将当地文化的保护传承放在第一位，只可做文化上的加法，不可做减法。丽水是浙江诸水之源、百山之祖，吴、越、瓯三大文化板块在此相互碰撞，形成了非常独特的文化生态。你跨越了一个县，可能就跨越了一个文化区，我们必须心存敬畏，不能有丝毫轻慢。

奥原健次先生是日本一级造园师，也是我们的规划设计顾问，他亲自操刀参与项目设计，充分保存村落原有风水布局和原生态村貌，整体拆除与历史风貌有冲突的建（构）筑物800平方米，完成整修立面改造11200平方米，使每幢古民居都保留了原生态的黄墙黛瓦的瓯越建筑风格，与自然融为一体。

同时，坚持"以旧修旧"，就地取材，小石磨、坛罐等农耕生活物件成为造景的重要元素，并融进现代园林设计的庭院元素，每个院子就是一道风景，老村颜值不断提升并成为“乡愁记忆”的天然载体。2016年，下南山在浙江省历史文化村落保护利用重点村绩效评估中获评“优秀”等次。

这导致连施工过程也是复古奇景：为了不破坏村道的原始味道，我们用肩扛、人抬、人挑、骡驮等原始的运输方式，硬是将建材运上了山。我们沿用传统的工匠、技艺，延续下南山村民们祖祖辈辈生活的脉络，还原理想的乡村度假生活。

2017年5月，案名为“欢庭·下南山原生态度假村”的项目第一期开始试营业，其一诞生就令人惊艳无比。

瓯越吊脚传统建筑制式得到完整保留，修旧如旧；加强场所记忆，将村落现状最大化保留；保留了原有风水布局。与此同时，景观配套、市政道路等根据项目经营需求进行与现状风格一致的配套建设；通过水系、绿植等景观环绕，营造高端私密的度假体验。

我将这种做法称为“维护古村落的原真性和完整性”。

保护并非一成不变，也不是某些环节的保护，而是将消费场景与标的一并还原，否则，这与那些将江西的老房子搬到浙江来复建有什么区别呢？

虽然看起来还是下南山，但房间内部配以奢华舒适的配套设施，将原汁原味的古村落与现代高端度假综合体充分融合。既完美地保留传承了原生态风貌，又以旧的肌理锻造新的灵魂。

关键是，就连下南山数百年来的缺水问题，也一并得到了解决。高速附近有个水库，我们租来后引水到村里。在入村的水道上，我们通过景观设计，将流经高速公路涵洞的垃圾堆处改造成了瀑布，加上中心广场循环水，形成了三个瀑布。缺点变成了优点，这个当年村子里垃圾成堆的地方现在成了整个村子最大的亮点。

时任浙江省副省长孙景淼在下南山调研时说，下南山瀑布景区的打造是从源头治水的一个好的措施。

改造后的下南山(周　凯 摄)

6个月时间打造了一个“网红村”,轰动之余,当地政府领导提了个倡议:干部要向联众学习工作效率。

其实浙江地方政府的效率也是不错的,但跟企业比,工作流程不一样,自然在时间控制上也会不一样。但领导能这么说,说明地方政府的开明和思进心态是非常强烈的,这是很让人感动的地方。

但首期产品还是有些不足,比如房间太大。因为过于追求原生态,我们将原来两层的格局做了保留,但由于二楼比较低矮,所以我们采取LOFT的设计手法,一楼是客厅,然后在每间客房里做了一个钢构的楼梯,楼上做客房,避免了很多房子结构上的不足。但这样一来,房子就显得太大太空旷,再加上屋顶以及柱子颜色比较深,有些女生就觉得慌兮兮,不敢单独住。

所以我们在二期做了一些调整,比如在屋里做了吊顶,房间面积缩小,墙面、屋顶用淡白色系等，这样视觉效果更好，空间感也更舒服。毕竟原来村民在生活中，有很多东西要堆放，所以空间大也没关系，但仅用于居住的话，房间实在是太空了。

此外，之前农民盖房，多半是向好的看齐。我们在改造时，专门针对每一幢房子做了个性化设计，突出其与其他房子的不同。最后的风貌是，每幢房子都有不同的庭院，有不同的品质和风格。根据每幢房子的格局和特色，加入一些不同元素，青砖、老石板、瓦块、石墨等，突出传承外的新亮点。下南山的一房一院是其很大的一个特点，或者说下南山的院子是吸引客户的一个很大的卖点。

在这个项目中，联众先后投入了6000多万元，下南山也被打造成一个开放性平台，乡村创业学堂、民宿、创意工作室、手工艺空间、咖啡厅、书吧、会议室等各种元素融合，通过“乡村＋众创”模式，成了一个乡村度假综合体，形成了一个经济发展的生态圈。

这便意味着，下南山成了联众旗下第一个真正的乡村度假综合体！这算是圆了我的乡村综合体梦。

说直白点，再做些业态完善，下南山就像在城市里的商业综合体一样，什么都有了！

在这里，联众获得的第二个突破，是从法律和产权意义上，真正践行了“三权分置”：下南山的所有权归村里，承包权归农户，经营权归联众。这个政策在全国铺开后，丽水市政府也提出让下南山成为全市第一批“三权分置”试点村！

联众不忘初心，村集体以现有土地、房屋及设施的使用权作为出资，与联众签订30年的经营权转让协议，前5年租金为25万元/年，之后每5年上浮8%，作为资源入股保底分红，分红收益由村集体与村民按三七比例分成。仅使用权出租一项，30年租期内就可为下南山村集体经济累计增收274.5万元，为古民居农户带来收入640.5万元，这是政府、企业、村集体和农户多方共赢的乡村振兴发展模式。

但与城市商业综合体不同的是，当地村民经联众培训后，可受雇参与到“欢庭·下南山”度假综合体的经营之中，当地村民在家门口就可以拥有一份可观的收入。村民不仅仅拥有了一份薪水，更重要的是拥有了一技之长，拥有了更加强大的市场竞争力，这是“三农”问题的高效解决方案。

除了雇佣之外，联众模式还让更多的村民加入项目的整体运营之中。村民将自有建筑用于小吃店、手工艺品店等业态，借助项目的整体推广，他们也可拥有更加可观的收入，农产品也可以借助度假综合体的客流与渠道进行销售。

度假村开业后，已接待游客13万余人。在项目带动下，农产品采摘、农家乐、农事节庆、民俗体验、养生度假、美术摄影等业态不断发展壮大。

截至2019年，度假村已经整体实现了企业、村集体和农户的多方共赢目的。乡村真正地振兴起来，拥有了健康的运营能力，具备了自主造血的功能，让农民富裕，让农村振兴，让农业强大。

下南山的开发模式被外界命名为“下南山模式”，这是继始自九思村的“九思模式”之后，又一个被冠以“模式”的开发案例。可以说，这是联众发展史上的一个非常重要的里程碑，也是一个纪功碑。联众有关乡村文化保护传承的梦想、打造乡村旅游度假综合体的梦想，均在这一刻得以实现。

“下南山模式”也受到各级政府领导的高度重视，被作为乡村振兴与美丽乡村建设的典范而大力推广，为丽水乃至浙江的乡村振兴与美丽乡村建设事业在全国范围内获得了极高的美誉度。来自全国各地的政府和企业的学习考察团络绎不绝，仅2018年一年，下南山村共接待来自全国各地的政府考察团1700多批次，共5万余人。

联众再一次迎来了“高光时刻”。2017年9月3日，联众“欢庭·下南山”原生态度假村上了《人民日报》头版头条。《绿色发展　丽水要当模范生》一文中，报道了丽水以生态惠民政策为指引，加快推进农旅融合发展，打开了从绿水青山向金山银山转化的通道。

文中指出："原本房败墙颓的莲都区下南山村，村民搬迁后留下42栋古民居，经整体修缮保护，打造'精品民宿＋文创基地'新业态。民宿产业的发展带动了农村环境改善、农民增收。"

的确，如果没有新的业态来带动，仅凭青山绿水自然发展，是很难转化为金山银山的。国内风景好的地方多了去了，或者说，几千年来风景就没差过，但老百姓为什么没有变富？关键在于要通过现代商业化运营去转化。

此后不久，联众在不到一年时间里，第二次登上了《人民日报》头版，这次是海南省沙美村。

2018年4月9日，《人民日报》头版以《博鳌 留住乡愁伴田园》为标题专题报道了由联众设计打造的"沙美渔人风情餐厅"。文中这样写道：

"坐在王小艾家的餐厅里，波光粼粼的沙美内海尽收眼底。夕阳照在沙美村环海慢道上，与一排古色古香的南洋瓦房相映成趣。"

2018年4月11日，《海南日报》以大篇幅报道沙美村乡村振兴的成果，并刊载多幅业态成果图。

博鳌是一个久负盛名的地方，每年的博鳌亚洲论坛都在这里召开。沙美村乡村振兴工程是博鳌田园小镇建设的内容之一，联众受邀参与沙美村美丽乡村建设，在结合本村环境、资源和文化特色的基础上，经过与村民的充分沟通，对全村的村容村貌升级和新业态的布局进行了科学规划。

在沙美村业态设计中，联众设计师们在充分挖掘海南当地文化元素和保留原始建筑物肌理的同时，考虑与现代创新及联众多年经验相结合，设计出南洋风、海洋风、爱国风等不同风格的民宿及业态。

在实际执行中，联众主要负责沙美村业态的设计及室内装饰工程，共涉及祥勋客栈、海堤甜点、沙美渔人风情餐厅、内海咖啡屋、木养元、望海居民宿等13处业态。联众以创新的思维、新颖独特的设计让当地人纷纷点赞，各级领导纷至沓来，在参观沙美村业态后，对联众作品给予了高度好评。

除了工程建设，联众还帮助沙美村搭建了农村专业合作社框架，让村民成为合作社的股东，农房变成了入股资源。这一条，又是联众的独特做法。联众永远将当地农民的利益放在第一位，在建设和运营，甚至农村经济组织发展等方面，给当地村集体和农户赋能，让他们真正成为乡村运营的主体，而不仅仅是城里人下乡投资开发和消费时的被动服务方。

至此，就运营对象而言，联众走了一条"农房—酒店—村庄"的演变之路。这可能是一个有理想的开发者最终的归宿：完全按照自己心目中的样子，打造一个小镇或者一个村庄，使其成为承载终极理想的巅峰之作。

就目前而言，下南山可能是一个高峰，但联众的理想当然不止于此。打造国际知名的村落，可能是下一个目标。

躺在下南山的院子里,仰望星空

这一切,是那么眼熟。

始自20世纪90年代的旧村改造,在城市里留下的伤痕和耀眼的成就,似乎就在昨日。

其对传统文脉的破坏和激进的城市化所不可避免的与昨日的切割,让我们根本来不及告别。乡愁,就在这样的目瞪口呆里,潜滋暗长。

我们生活的家园,在20年前,可能是一片稻田;我们曾经熟悉的家园,可能是今日的CBD,但它早已没有了往日邻里敦睦的景象。不再熟悉,不再有儿时的玩伴。一切都日新月异,一切都翻天覆地,一切都富丽堂皇。

我们不忍再去看衰败的乡村。那里是城市的附属,那里是城市的生命起点,那里也曾经有过门楣光鲜。每月300余个自然村庄的消失,这个民族、这个国度曾经的记忆,是否还能有一处可立足的土地?

当农村需要“振兴”时,农村是不是就是今天中国版图上的“东北”“西北”?

如果说,东北需要向江南看齐,那么,农村是否要向城市看齐,才能避免消失的命运?

让农民继续留在农村建设农村这条道路,在20世纪六七十年代有过大规模的社会试验。

后来,有人发出过激烈的诊断:只有“消灭”农民才能“解放”农民。言下之意,只有让农民城市化、农村工业化,农民和农村才有未来。

在以建德航空小镇的钢铁厂为代表的那个工农“剪刀差”的年代,多少农民和农村，成了工业化的牺牲品；在激进的二十年城市化和工业化背后，是多少农民工寄居城市，是多少乡村被忽视。

今晚，我躺在下南山的院子里，叩问灵魂：我所做的这一切，是不是我们真正的进步？

我们把人和人类的活动空间，以建筑和村落为载体，留在它本来在的地方，是否能够为传统文明打造一处存身之地？

20世纪70年代出生的我，脑子里有着一个停留在20世纪七八十年代的“美丽乡村”，那时的乡村生活离不开袅袅炊烟，就像邓丽君的歌中唱的“又见炊烟升起，暮色罩大地”，很多作家、画家也把炊烟作为自己作品的主题。我家的房子地势比较高，可以看到村子全貌，当傍晚村子里第一缕炊烟升起的时候，母亲不用看钟表就知道“好烧饭了”。

那时候老家的农房最高也就两层，而且大多是用木结构加泥土夯墙而成，与村口的小溪融合成“小桥流水人家”的水墨乡村画，吴冠中笔下的江南水乡正是那时乡村的真实写照。农民与世无争、自给自足的农耕生活让整个乡村更加安宁。

到20世纪80年代末90年代初，老家的集体经济也开始蓬勃发展，榨油厂、木材厂、农场、林场等众多以农村自然资源为原材料的产业开始出现，农村的安宁开始被打破，村里人开始了攀比，谁家里更有钱，谁家买了彩色电视机，谁家买了凤凰自行车，谁家建了青砖水泥的小楼房，等等。村庄的宁静不见了，世俗的纷杂将村子带到了一个人情冷漠的世界。

到了20世纪90年代中后期，这种以破坏自然资源为代价的“产业兴旺”被政府叫停了，作为钱塘江源头，保护源头生态资源环境成了首要任务，失去了原材料资源的厂子办不下去了，年轻人纷纷离开生养自己的家乡，奔赴城市谋求生计，村子重新回到了从前的宁静，而这次的宁静是衰败的宁静，是萧条的宁静。

进入21世纪，老家的村子突然又发生了翻天覆地的变化，外出的年轻人经过在城市的多年打拼，开始赚到钱了，他们中很多人虽然无法成为城市真正的居民，但不代表他们不向往城市的生活，他们也想住楼房，也想有独立的厨房，有独立的卫生间，有上下两辈人自己独立的空间。于是，几乎在一夜间，村子里到处是高低不等的楼房，一家比一家高，村里的晒场、原来的各种加工厂，甚至是农场的土地上都建起了楼房，进村的道路越来越窄了，路的两旁也是楼房。在数年没回老家后的一次回乡中，我竟然开错了回家的路。

和我一样有情怀的当然还有很多人，程长婴就是其中一位。程长婴是我在浙江大学工商管理高级研修班的同学，长期从事服装生产工作，在嵊州做得风生水起，却在2018年初卖掉经营多年的企业的所有股权，投奔我干乡村振兴。下南山的成功也有程长婴的一份大功劳，他在辞职后毅然加入联众，成为联众在丽水的合伙人。而联众至此也开始执行乡村产业合伙人制度，目前已经在浙江、北京等地建立合伙人企业。

在下南山，我们不仅盘活村落，我们还盘活人。我们为40多幢民宿寻找主人，让他们成为传承文化的主体。我们只是建设者，运营者应该是所有来过这里的人。不论他是承包地的主人，还是民宿的经营者，或是游客。

可以说，农村宅基地在下南山实现了流转。这是继土地流转之后的另一农村资产的价值发现，也是政策上的巨大突破。

农村有两条红线不可触碰，一条是18亿亩耕地红线，另一条就是农民的宅基地。这个时候的农村土地政策和当年我们做“城仙居”项目时已是天壤之别，至少无须再去为农民房屋使用权经营是否合法而担心。浙江省义乌市和浙江省德清县已经在试行农村集体经营性建设用地入市，宁波象山的农村宅基地“三权分置”改革吸引了大量民宿投资人。

如今，这一切都在解冻。而只有春天的温暖，才能让大地复苏，才能让万物生长。冰川下是没有生命迹象的。

从城里人的角度来看，越来越多的乡村被废弃，他们能够回归的机会和处所越来越少，而保留乡村文脉，是留住乡愁的重要机会。

这几年人们对于民宿的兴趣，完全不同于老年人基于幼时成长环境的怀乡情结的回归，而是让自己有一处可以逃避城市的心灵空间。

这种空间需要个性和文化，而旧村改造让乡村成为都市人心中理想的乡村的样子，而不仅仅是乡村酒店的样子。这种形态，不同于“城仙居”的追求原生态自然环境，不同于综合体的平地起高楼，而是直接打通了城市和乡村的精神联系，使得城乡在这个小小的空间里被融为一体。

下南山的新生，尽可能地保持甚至复兴乡村原有的文化形态和体系，真正地实现了乡村和城市的共同发展。这才是真正的乡村振兴，它具有内源自发性，而不仅仅具有外部观赏性。

更重要的是，村落是自然形成的具有完整地理、文化、历史传承、社会结构的人类群落，自成一体。如果说联众在九思村原有的宅基地里“种”了几幢房子，那“欢庭”酒店是在村里“种”了一片房子，这一切都是新生的，与原有的自然生命关联不大。

而下南山，则是将整个村庄盘活，做成了一个有机体，它承自千余年的生命，扎根本土，活灵活现，每个到访的人除了享受清洁的环境，还能感受到百年的人文脉动。

这与联众最初卖空气、卖房子、卖生活方式的路数完全不同了。

当我站在联众2019乡村振兴产业峰会的讲台上，灯光璀璨，贵宾云集，这是联众的第15周年，正值活力青春。

会场洋溢着热烈的气氛，发言的贵宾不乏对联众的溢美之词，一切美好而温馨。

但在会场的角落，也许在一刹那，会闪现出一个念头：这一切美好，究竟有多少是我们主动创造的，有多少是时代赋予的，又有多少是用户造就的？

正如有人讲过的那样，一个人、一家公司的成就，当然要靠自我奋斗，但也要考虑到历史和社会的进程。

联众的历史进程，在此时此刻，是否到了该总结一下的时候？是不是要重新出发了？

我们在不断地奔跑，就怕被历史的车轮落下；我们在拼命地奔跑，就怕一步不慎成为市场竞争的落败者。

下南山，是我们登上的第一座山峰。“城仙居”“山水统里”“龙门印象”，是一座座小山丘，一座座丰碑，记录成功，也记录我们对成功的渴望。

更重要的是要反思和规划，在乡村振兴的舞台上，我们的角色是什么？在现代人的乡村休闲度假中，我们的功能是什么？在互联网时代，我们除了产品，还能提供什么？

如今，我们站在历史巅峰，站在舞台中央，回顾过去15年风尘，展望未来百年基业，有多少欣喜，有多少庆幸，又有多少感激！

盘点联众的家底，自2005年起，联众通过自建、收购、合作、租赁等经营方式，将乡村闲置资源转化为新农村建设下的联众模式。经15年的经验累积，目前联众已建有10多个“城仙居”，300幢独立民宿，10多个“欢庭”乡村度假综合体。

联众结合国外分时度假经营模式，发掘国内消费者对乡村度假的需求，将传统的联众模式进行升级，将新型城镇化建设的理念融入其中，创立了“城仙居”“欢庭”等更适合国人度假的乡村分享度假品牌，10余年来始终保持着行业领先的位置。随着模式的不断创新，未来该模式将被不断复制，联众将建立遍布全国的乡村度假王国。

通过“村回”品牌，大规模扩张民宿版图；通过“春地”品牌，将农产品送到人们的餐桌上。一切美妙，均在自然发生。

尤其是当废墟里开出艳丽的花朵，当古宅冒出袅袅炊烟，人世间蒸腾的生命之气散布在山间河谷，人类初始的勃勃生机，怕也不过如此。

但是，所有的有形资产，都没有20万名联众用户的20万颗心来得重要。我有时在想，如果哪天联众又碰到困难，就会有20万个家人一起来共渡难关。有了这20万个家人,联众必将一往无前,永攀高峰。

我躺在下南山院子里的躺椅上,仰望星空。

党的十九大报告指出,要坚持农业农村优先发展,按照产业兴旺、生态宜居、乡风文明、治理有效、生活富裕的总要求,建立健全城乡融合发展体制机制和政策体系,加快推进农业农村现代化。

仍然是现代化建设,但此次现代化建设的主体已非彼时的城市而是乡村。

首次出现在党的十九大报告中的乡村振兴战略为近6亿中国农村人口擘画了宏伟而美好的蓝图,也让联众找到了新的发展方向。

联众凭借深耕于乡村资源10余年的经验,敏锐地把握住乡村振兴战略带来的新机遇,在落实乡村振兴战略的同时,结合“两山”理念,兼顾“三农”问题的解决,在古村落保护性开发事业中走出了属于自己的道路,联众模式成为各级政府及企事业单位参考模仿的样板与典范。

我坐在下南山的山巅,画一张最美的画卷。

纸面上,联众凭借深耕乡村资源十余年的经验,以及整合上下游资源企业的实力,通过对行业发展方向的准确把握,以规划设计、产业投资、乡村运营为基础,建立了投资、运营、规划、培训、营销、互联网六大乡村服务平台。

联众将依托多年积累的成功经验,构建项目投资平台,为更多的乡村振兴项目提供资金;引入专业的人才,组建运营平台,迎接全国化、国际化的市场;立足于乡村振兴与美丽乡村建设,构建乡村振兴规划平台,为乡村振兴战略提供“联众力量”;提升核心竞争力,扩大行业影响力,建立乡村振兴培训平台,提供乡村振兴培训、回乡创业培训、乡创课题授课、游学、访问等服务;整合营销方式,构建完善的营销体系,让乡村振兴项目拥有更强的市场竞争力,具备更优质的市场资源;通过微信小程序、微信公众平台、微博、贴吧等构建互联网平台,让信息资讯及时传播,强化品牌影响力。

联众六大平台连接政府、企业、投资者、创业者与村民,在古村落保护性开发的同时,为“乡村振兴”和“三农”问题的解决提供可行性解决方案。联众具备了从美丽乡村规划设计、工程管理到市场营销、酒店运营等全流程的人才与经验，除了直接对度假项目投资，还通过服务输出模式，为政府、企业提供乡村旅游项目的咨询、策划、营销、运营等服务。联众还可为大型项目建立专项基金，帮助引进产业落地，提供经营管理等特色服务，是乡村产业值得托付的乡村资源投资运营商。

是的，这都是我们可以做的，也是我们已经在做的。这一切，对我们几乎没有挑战。就像走过了九思，走过了统里，走过了龙门，走过了下南山，一步步跨越政策“天险”，一步步踏平现实困难，而至天明。这对现在的我们而言，都不难。

难的是，我们下一个需要攻下的山头在哪里？

重复自己，从来都不是联众的基因。联众的基因是“不安分”。

联众现在拥有众多的品牌和产品系列，联众也曾经在运营产品的同时运营用户，就像慢生活学院那样。

但是，以我们当时的实力，以当时的做法，终点是点状发展。每个项目都很棒，但我们一直未能做出像度假卡那样的网状结构的产品和社群。

从一开始，联众做的就不是一个功能型产品，而是文化产品。而文化产品天然地具有社交属性，它是人与人之间的黏合剂。

我们打造了许多知名的产品，许多人因联众而成为伙伴。但是，我们是不是已经做到最好？我们的社群运营，是否与产品运营一样出色？

这个议题，是否关乎联众的下一个15年？

要知道，在2009年联众陷入危机时，正是通过度假卡这样的网状产品，将当时像开发商那样卖房子的联众带出了危局。

如果没有网状的消费，没有网状的产品，没有网状的社群，单靠度假一件事，能否成就联众未来的梦想？

想到这里，我无法不陷入深深的忧虑中。

现在的开发商，也不纯粹卖房子了，他们也在学着运营CBD，他们也在运营社群，打造自己的粉丝体系。

联众，能否成为一个文化创意运营商，成为一家互联网公司？能否将用户和产品更紧密地结合？

联众15年最大的财富，除了商业上的成功，还有什么？

如果是20万名联众的家人（用户），那么，20万人是否应该是一个整体的力量，而不是20万个原子的力量？

无论什么样的巨人，在星空下都显得渺小。但再小的社群，也如星星之火，可以燎原。

联众再出发，面前是海阔天空。

在2019联众乡村振兴产业峰会上，我们已经向世人表达了自己的态度：

我们是一家专业的乡村资源投资运营商。

美丽乡村建设、乡村振兴，如果缺乏产业入驻，就会缺乏活力和后劲；政府的一次性固定投入，如不能化为可经营的资产，农村仍然无法获得真正的发展。

要让农村富起来，让农户彻底脱贫，增加集体收入，只能整村市场化运营。

联众在探索——包括那些由于资源禀赋较差，目前看不出营利方向的乡村。

A级风景村已遍布浙江。领导人提出的让乡村变美，而今大半已实现；我们的任务是，通过联众的市场化运营，让乡村变活。

在联众峰会上，我们推出了“全国百村振兴”计划。以浙江省区域经济促进会乡村振兴专业委员会为发起单位，以国家全面实施乡村振兴战略为发展契机，计划在接下来的五年时间内，以城乡共享经济为发展模式，以乡村旅游和大健康为产业发展方向，采取产业投资、业态引进、乡创孵化、规划建设、村庄运营等形式，参与传统村落的产业与文化振兴，竭力打造100个乡村振兴示范村庄。

联众再出发！

重新定义“城仙居”

随着目标用户向城市中产、产品从“城仙居”向“欢庭”酒店转移，“城仙居”这个产品，被逐渐搁置起来，成了上一代产品。

但实际上，这可能有点失误。尤其是上海客源，对“城仙居”的感情非常深，这一耽搁，可能就错失了一个大时代！

2015年3月19日，我在上海《劳动报》发表了一篇文章《是时候走出去了！》：

欣闻《劳动报》开辟养生专版，我作为浸淫休闲养生产业10余年的前媒体人，立时有为栏目写点什么的冲动。

健康已经成为城市居民最大的消费之一，据央视财经频道的调查数据：在最被看好的产业调查中，健康产业位居第二；而在居民消费排名中，旅游也跃居第二，特别是中老年旅游正在以每年20%多的速度增长。

联众从2004年就开始针对中老年群体进行休闲度假、养生产业的开发，并以乡村慢生活的理念吸引了近5万名城市休闲客，这其中年龄在55—65岁的中老年人占到了60%以上。

这些数据都在向我们表明：我们已经进入一个休闲养生时代。

养生的目的是健康，有品质的生活应该最少包括两个方面：身和心的健康。而对常年居住在城市中的居民而言，影响健康最大的因素就是空气和水。事实也表明，我们很多疾病也正是由此而来。

这是两个不能被我们普通老百姓左右的问题,所以更多城里人开始远赴乡村寻找适合自己的水和空气,甚至带动了农家乐这一新产业,形成了一个潜力无限的新市场。

联众有个专门找项目的团队,他们到一个地方首先关注的是这里的PM2.5,然后才是山水、人文环境,当他们找到一处山好水好的地方时总是激动万分。随后而来的设计团队更是绞尽脑汁来规划这件作品,唯恐破坏了这难得的资源。为的就是在项目落成后客人们的那句赞美:这个地方真不错,这里空气真好。

可对走出去,特别是走到乡村去住一段时间这件事,很多人还抱有怀疑的态度,更多的是对进入一个陌生环境中的担心。当然,还有的人是被带孙子或者其他更多繁杂事情给拖住了后腿。在现实中,我碰到很多人在迈出第一步后,就再也拖不住他走出去的后腿了。

其实,现在很多乡村都已经是城里人的天下了。特别是夏天,在浙江的临安天目山景区、安吉美丽乡村以及其他环境优美的地方,都能看到那些讲一口标准普通话,更多的是满口"阿拉"的上海人。他们有的一住就是一个夏天,有的甚至更长时间。这期间的那些农家乐集聚的村子里,城里人的数量远远超过了本地人。在乡村生活当然没有在城市这么方便,但它有着城市无可比拟的优势:你可以在宁静的乡村睡个安稳觉,可以坐在树荫下喝着山泉泡的绿茶,可以仰望星空来个深呼吸。而这些对城市来讲是可望而不可即的奢侈。

到这样的地方去休闲度假,你不但能收获一个好心情,更能收获一个好身体,还能结交一帮知心好友。

是时候走出去了,趁这春暖花开好时节!

话虽如此，但待我们真正向康养方向转型升级并落到实处时，则已是3年之后了。

2018年7月3日，联众与位于沪杭之间、沿海的海盐县通元镇就乡村振兴战略合作签约，要将丰义村打造成国内首个共享田园康养社区，以“乡愁文化”还原当地人的乡村生活记忆，让更多的人在丰义邂逅一场田园风光度假生活，过一段乡村的闲生活、慢生活、新生活，让丰义村“活起来”。

在此之前，通元镇就已经完成了对丰义村美丽乡村建设项目的调研和产业规划。当地政府当然希望借助联众平台，使丰义村的资源能够充分发挥，同时带动周边农民共同富裕，为乡村振兴事业做出贡献。

如今，案名为“丰义星院”的项目已经对外开放，其以共享农庄、共享村落、共享厨房为卖点，重点面向上海的中产家庭推出。除公司自营的2幢民

位于沪杭之间的丰义星院，是联众业务升级后的第一个康养产品（江海洋　摄）

宿外，13幢自带农田、院落的房子以共享的方式招引更多的乡村热爱者，或休闲，或自营，或委托联众运营，形成一个理想的乡村共享社区。

住进这个院子，与“城仙居”每户一间房子不同，这相当于每户人家都拥有了一处乡间别墅，家家有院、户户有田，所以案名取了“丰义星院”。

在这个院子里，主人可以邀三五知己同居，择一处田地同耕，一起感受交流的乐趣和彼此的关爱，享受“亲友睦邻、田园奢野、康养度假”的幸福慢生活。在这样漂亮的院子里，用户会真正成为一个院子的主人，哪怕自己不住，也可以邀请朋友来入住你的院子。

从本质上讲，丰义星院是更完整的田园生活。

看到了吧，慢生活回来了，康养也出现了，归园田居也出现了。准确无误，这是一个面向老年人的高端项目，虽然仍是“欢庭”品牌的物业，但其根本，与最开始的“城仙居”更接近一点。

如果说之前的项目都是插在乡村的项目，独树一帜，那么丰义星院就是与当地融为一体的项目，完全保留了江南民居原有的自然风貌，家家有果树，户户有田园，让人们不出宅院便可躬耕田地，尽享鱼米之乡的农家生活。

在当地政府的设想中，丰义村要打造成海盐乃至杭嘉湖地区美丽乡村建设的样板，这一点毫无疑问是实现了。而且，西安提出共享村落的概念，海南提出共享农场的概念，但它们到现在都没有做出来，丰义星院是共享田园第一个落地的项目。

在丰义，有民宿，有田园，有院落，自成一体，独立成村。既然是康养项目，自然还有与健康有关的智慧健康小屋。在这个小屋里，可直接刷医疗卡，相当于原有的医疗关系随身携带，解决了一些老年人在乡村就医不便的问题。有些保健设施直接来自美国等发达国家，甚至还有芬兰浴（桑拿）小木屋。

丰义星院——在2019联众乡村振兴产业峰会上，我们向所有人发出了邀请。这是全国首个5G康养小镇，在度假项目的基础上，未来将融入由赛伯乐集团投资的互联网医疗、无人驾驶、健康护理等资源，通过5G、人工智能、物联网、大数据、云计算等技术为康养升级注入了新的活力。目前一期已经完成，二期正在协调建设用地以及闲置房屋资源。

在复盘下南山项目时，我们得出一个结论：城市是人口聚集地，综合体的业态很容易聚集，但一个村子能够容纳的人口毕竟有限，加上都是游客，日常消费不足，对经营而言是很不利的。

要让游客愿意留下来慢慢享受，那么，乡村能提供的最大资源是什么呢？

我们一开始做的"城仙居"卖的是空气和水，也就是健康资源。而康养产业，目前是国家战略产业。

如果说联众做的是紧跟中央农村政策的产业，那么这次也不例外。

广义上的康养，包括乡村休闲度假，其实是乡村＋健康的概念，康养之所以重要，是因为它会让人住下来慢慢享受健康服务。否则，你从上海来到天目山，呼吸几口新鲜空气就回上海，就是康养了？这完全不可能嘛。

因此，于政府而言，联众是中国乡村资源投资运营商，是乡村振兴的载体；于用户而言，联众是乡村健康空间创造者，是市场主体。

我们在日本考察的时候发现，那里的乡村空心化比中国更严重。但也有不少老年人直接处置了城里的房产，跑到乡下盖一幢别墅，种几亩菜地，过上了神仙般的日子。尤其是温泉等健康资源比较丰富的地区，更是老年人的心仪之地。

长汤温泉就是这样的一处地方，人们在温泉溪流中行走，运动健身，这水干净到可以直接饮用。在这样的地方，你住上十几天也丝毫不觉得倦怠。

联众早期的"城仙居"项目其实就是为老年人做的，但那时我们刚刚创业，资金、经验等方面都不足，对这个市场的理解也没有如今这么透彻，所以那个时期的"城仙居"有很多不足，以至于到后来干脆暂停了这个品牌。

如今，我们觉得已经找到新的"城仙居"模式了，并赋予它全新的定位：

乡村康养！而这不再仅仅是与当地农民同吃同住同劳动，回忆和感受乡村生活。

在2016年国务院发布的《"健康中国2030"规划纲要》中，就有积极促进健康与养老、旅游、互联网、健身休闲、食品融合，催生健康新产业、新业态、新模式的提法。养心休闲、康体养生、文化旅游，均成为国家战略的一部分，身体健康、心情愉快、生有所养、老有所乐成为人们对幸福生活的基本诉求。

党的十九大报告指出，实施乡村振兴战略，要坚持农业农村优先发展，按照产业兴旺、生态宜居、乡风文明、治理有效、生活富裕的总要求，建立健全城乡融合发展体制机制和政策体系，加快推进农业农村现代化。实施乡村振兴战略是全面建成小康社会、全面建设社会主义现代化强国的必然要求。

这两大国家战略的结合，便是康养与乡村的结合，这是联众对顶层定位的重新审视。随着利好政策的到来，通过对市场反馈数据的剖析，联众对"城仙居"品牌内涵进行优化迭代，赋予其全新的时代内涵，将其升级定位为乡村康养社区品牌。

由此生发，联众干脆直接走到底：将触角伸到高龄老人阶段，做一个关于乡村养老的实验。

2019年11月竣工的"城仙居·乐龄大洋"乡村度假式养老基地，便是"城仙居"品牌升级后的首次全新亮相。在"城仙居·乐龄大洋"乡村度假式养老基地中，除了有联众固有的高品质的自然康养环境，更全新植入了24小时健康管家、远程医疗、三甲医院绿色通道等5G高科技服务，让老年人不仅住得舒心，更住得放心。

5G时代的来临给了我们无限的想象，智慧养老、信息化养老等新形式的科技养老服务模式也将迎来新的风口。

"城仙居·乐龄大洋"不算是个新项目，而是一个改造项目。当地政府盖了5幢楼作为养老院，但实际上并没有那么多的入住者。联众接手后，将其改造为乡村康养综合体,即养老院+民宿。

在这里,包括田园在内,乡村业态齐备。联众引入基本的医疗设施和智慧健康小屋,直接对接当地的医院。

我们引入了一套先进的健康监测体系,每个智慧健康小屋相当于医院的终端,可以自动完成基本的体检,数据与医院同步。同时,联众合作的互联网医疗机构有个监测中心,通过大屏幕可以实时获取住客的健康状况,最大限度地解决乡村医疗资源的短板。

"城仙居·乐龄大洋"规划1幢楼为当地老人的养老院,作为当地政府规划的业务,拿出3幢楼向社会开放养老名额,另外1幢楼做成民宿,让外地来的度假老人能长居,让他们的子女能够在周末来度假,一起吃住。

我知道有很多养老院空置,我觉得主要是不考虑老年人的精神需求,纯粹将人"生物化"导致的。老年人最怕的是寂寞,如果这个地方既有好山好水能养生,周末又能见到子女一起吃饭聊天,关键是子女还能把这些当成度假酒店,那不是很好吗?

除了老人子女,我们也可以尝试让其他人在这里与老人互动做公益,以此兑换免费度假居住权益。我们在做用户调研时,得到了很正面的反馈。

再说了,我们的第一批"城仙居"用户,当时是活力老人,现在也是七八十岁的高龄老人了,他们对康养的需求,肯定比10年前大多了。如果没有这个用户基础,我可能也不敢去碰这个项目。

另一个背景是,长三角地区的重度老龄化时代已经来临,15年前,老龄化还是预警,现在已经是活生生的现实。此时全面介入老龄产业,正当时。

我们希望,如果此举可行,马上可以复制到更多的地区,解决现在很多养老院空置的问题。

法国有家养老院,与幼儿园联办,结果成了全球"网红"。我相信,我们的这个实验也能产生类似的化学反应。

与下南山相比,这两个项目都不算大,但这是联众进入下一个年代的重要契机。一个上海的资深会员听了介绍后就说,康养将是联众下一个10年的重大机会!

在国家层面,全国老龄办从民政部划到国家卫健委,职能也做了划分,这是很明显的信号:中国特色的老龄化,一定是健康的老龄化,是积极的老龄化,而非兜底型的。

或者说,要维持健康,而非出事之后由民政部门兜底,这是一个很大的思路上的转变。

当然,这其中一定有若干博弈和思路逻辑上的冲撞,否则老龄问题也不会一部分被划到国家卫健委,一部分继续留在民政部门。在新一轮政府机构职能调整之后,理顺了管理和服务职责,由两个部门负责同一个职能的现象大为减少。但老龄问题仍由两个部门主管,这是比较罕见的,也可见这个问题的难度之大。

是问题,自然也会带来机会。

我们也在不断学习政策,但这条路何时能走通,我们的资源能否支撑,或者说与其他资源方能否打开合作空间,是很大的挑战。

所以,我们也在对联众的内部管理机制做调整。这倒不是要学国家机关,而是说,业务和规模发展到这一步,联众必须在管理上取得突破。以前那种中心化的模式,适合创业公司和单一模式的公司,而现在的联众已经在用户、产品等各个方面铺陈了非常大的摊子,管理一旦跟不上,就会造成非常大的浪费,甚至造成严重损害,进而拖累整个公司在下一步的战略布局。

像重新定义"城仙居"这样的举措,是我们在反思过去15年的路径之后,做出的非常重大的决策。人和公司一样,都要承认和面对自己走过的路。作为一家并不大的公司,力量有限,在一段时间内只能集中精力做一件事情,难免顾此失彼。"城仙居"的短板被发现后,我们推出了"欢庭",并取得了非常大的成就。但回过头来说,如果当时有余力,完全可以在比较早的时间对"城仙居"做内涵调整,而不必等到有些会员流失之后,才回头去做补救式的召回。

这可能也是先行者的宿命。我们一直在创新开路，别人跟在后面一路捡果子吃。我知道，如果我们不去探路创新，大家都得死；但探路者一定会付出代价，甚至是像猴子摘玉米那样，一路摘一路丢，回头一看，只为他人做了嫁衣裳。

但总体而言，我们没有成为死在沙滩上的前浪，这是很值得庆幸的。接下来，大局已稳，联众也要走进新时代，适应新的环境，总体有几个方向。

一是模块化。职能交叉的问题要避免。

二是去中心化。每个模块都相当于一家独立核算的公司，像互联网公司那样快速决策、快速行动，而不必事事请示最高层。

三是鼓励内部竞争。自己做不好的，别人可以做，而非大家各自圈地，各家有块自留地，各自为政。

四是战略要更清晰。不同于公司是初创期，行业是草莽期的阶段，现在的市场已经差不多是一个成熟稳定的市场，此时运营能力比圈地能力更重要。我们如何将自己善于创新的长处与强大的运营能力相结合，是一个新的挑战。

乡村振兴首先是产业振兴，联众深植乡村10余年，积累了大量的经验和资源，必将成为国家乡村产业振兴道路上一个重要的助推器。

奥原先生

奥原先生原名奥原健次，是联众规划设计板块的顾问，也是一位可爱的日本生态景观领域的专家，是日本一级造园师。他曾供职于日本最大的房产公司日本积水HOUSE株式会社，在景观事业部负责房产、市政的景观设计与施工工作。

20多年前，他受当时绿城集团董事长宋卫平先生的邀请来到中国，绿城早期的高端住宅项目“九溪玫瑰园”“桂花城”“桃花源”等的景观设计均出自奥原先生之手，他也接了国内多所大学的特聘教授职务。

他很重视这些荣誉，2018年我到他日本的家中探访，他还把保存完好的最早于1997年受聘担任哈尔滨工业大学景观设计学客座教授的聘书给我看。

自1998年开始，他在杭州开设景观设计事务所。他在中国共主持设计了约120个项目，获得多个全国性大奖。公司业务最高峰时有60多名员工，这对一个设计公司来说规模已经不小了。

如今，在浙江很多的景观设计、规划公司里就有很多设计师来自他的公司，有的还是他的学生，可以说他将自己生命的黄金时期都奉献给了中国的建筑景观事业。

认识奥原先生是在2015年，忘了当年朋友是如何把他推荐给我的，只记得朋友原来是希望我们合作的。在后来的接触中，我们发现彼此有着同样的理念，有着对乡村同样的情怀，有着同样改变乡村的理想。于是，在他的设计公司碰到经营危机时，我毅然收购了他的设计公司，联众从此开始多了一项业务——乡村规划设计。

作为设计师的他并不擅长企业管理，这也是他没能把一家在杭州有着非常好的资源背景的设计公司做大的原因，联众的收购刚好可以弥补他在这方面的不足，从此他可以专心于设计技术与理念层面的发展。

也许是在中国待久了的原因，奥原先生对日本官方时不时出台的不利于中日友好的政策很是生气，他认为日本应该为当年那场战争道歉，他还经常为日本当下的教育部门没有如实告诉学生这一历史而担忧。但他也私下和我说，他为饭桌上一桌中国人兴高采烈地讨论如何打到日本去的话题而害怕，他用生硬的汉语对我说："这样不好，不好。"

虽然在中国生活了20多年，但奥原的汉语说得还是很差，一般人根本听不懂他在说什么，而我由于和他一起工作时间长了，总能半听半猜出他话里的意思，所以即使翻译人员不在，我们也能交流。为了让别人更好地听懂他的意思，他会在随身的公文包里放一块小白板，谈话时若碰到说不出来的词句就写出来。日文不少字源自汉语，听不懂的看到文字就知道大概意思了。所以我比较喜欢去日本，一个关键原因就是在日本听不懂日语，也可以

浮玉山庄是比较古典的项目，颇有日式风味（余学兵 摄）

看懂。

下南山的设计就是奥原先生主导的,很多去参观的人员都说下南山有种日式的感觉,但又有当地乡土的味道。

奥原先生的设计公司以前主要接房产公司的业务,但他很早之前就和我说:“联众做的事业很有前途,我觉得中国接下来房产业的发展空间很有限,但中国的乡村非常需要生态景观设计。”

这也是联众从事景观设计业务的原因之一。这几年随着乡村振兴的推进,越来越多的乡村开始意识到乡村规划设计的重要性,特别是在浙江,出现了很多优秀美丽乡村的案例。而在以前,乡村建设几乎是不考虑规划设计的,所以10年前的中国乡村建设只是建房子,几乎没有去考虑村庄的布局、景观的设计等。也正因为如此,才有了近年来越来越多的规划设计公司进入乡村规划设计领域来。但有些一直做城市景观的设计公司也将城市景观带到了乡村,大草坪、大树以及脱离本土特色的奇花异草,让乡村不像乡村。

奥原先生非常注重原生态环境的设计施工,经常对那些不专业的景观设计师的作品提出批评,认为这样是在破坏乡村。他觉得乡村建设应该将原生态环境与当地人文环境结合起来,并赋予实用性。

他曾几次带我去日本,每次都是他开车带着我往日本的乡下跑,去看日本的乡村景观、温泉度假酒店、民宿以及日本的一村一品建设等,这些确实让我受益匪浅。

奥原先生的原生态结合当地民俗文化的设计理念,已经被现任联众规划公司设计总监吕辉发挥得淋漓尽致。吕辉是奥原先生的学生,也是奥原先生从原公司带到联众来的,一张看似还未成熟的脸孔下是满腹诗词,公司同事都说他是可以上《中国诗词大会》的人。每次接到项目后,他都会认真学习当地的文化,好几次在去目的地的路上,他和我探讨这个地方的前世今生,让你不得不佩服。

吕辉在传统文化上的造诣和对景观的独特理解,从他的设计上就可以看出来。2019年初，丽水市为配合古堰画乡5A级景区建设，要对市区到古堰画乡的省道两旁景观进行提升，我们的方案在全国众多设计方案中脱颖而出，被认为符合丽水的文化，更有人气，这就是地方文化在设计中的重要性。

奥原先生一直担任联众的设计顾问岗位，但这两年他却把方向转向了康养。他也看到了联众在中老年群体上积累的大量客户资源，感受到了联众的会员们在养老养生方面的迫切需求。

十几年来，联众积累了20万名会员，他们已经成了联众最大的财富。这其中有大量的“40后”“50后”“60后”人员，他们都面临着养老问题，但他们中的大部分人看不上目前国内的一些养老院，而他们看得上的养老院不是太贵就是一床难求。有次会员活动上，一个会员找到我说：“我们这么多年跟着联众到处玩，很开心，对联众的服务也很信任，现在慢慢变老了，什么时候联众再搞一个养老院，我们这些人还是一起养老，外面的养老院我们不信任，联众的养老院我们肯定信的。”这也给了我很多启发，做一个什么样的养老院可以满足这些会员？什么样的养老院才是当前老人的真正需求？这些问题总是在我脑中徘徊。

虽然说中国社会也在慢慢老龄化，养老需求成了刚需，但做养老产业并不容易，目前国内还没有一个非常成熟的养老模式。

奥原先生特地带我去考察了日本的多个养老院，并引荐当地从事这个行业的前辈和我交流，甚至组织了小型的养老话题沙龙，也帮我对接了日本从事康养治疗研究方面的专家。我们一致认为让城里人去乡村养老会成为趋势。随着中国高铁技术的发展，乡村已经不再遥远，但如何解决乡村康养的配套问题仍然需要得到政府的重视。

联众正在海盐尝试做一个基于5G技术的康养小镇，赛伯乐董事长朱敏也给了我们很大的技术支持。建德的“城仙居·乐龄大洋”项目从一开始就定位为养老养生，对外预订一开始就受到联众会员的热烈欢迎。

当然,这一切还在尝试中,日本有很多养老方面的经验值得我们不断去学习。

我经常在想,自己也即将50岁了,再过10年也到退休年龄了,我这个“70后”又有哪些养老需求?目前的养老院我愿意去吗?我觉得如果联众做的养老院我自己都愿意去,那我们才算真正在养老产业上取得成功了。

奥原先生已经快70岁了,但看上去就像50多岁,而且中气很足。记得在联众的一次峰会上,他上台演讲时的幽默和充足的中气给大家留下了深深的印象。他经常半个月在中国,半个月在日本,如此频繁地来回飞,一般年轻人都吃不消,他却持续了20年这样的生活。

他很注重养生,特别是在吃的方面,控制得很好,这或许和日本一直以来的清淡定量饮食有关系。有次他带我去日本一个设计师朋友家,他的那个朋友自己在乡下买了地、建了房,还种了很多的水果蔬菜,他就很羡慕,说以后不工作了也要到乡下过这样的养老生活。

在他的建议下,联众今年和他合伙成立了日本联众乡村研修院,业务除了常规的设计外,主要做中国人到日本去学习日本的乡村建设、民宿管理、养老服务等经验的业务,还有在中国或者赴日本的康复治疗,今后联众的很多酒店也会逐步植入康养内容。

奥原先生在中国没有留下资产,他最大的实物资产就是书籍,公司里有好几个柜子装的书和资料都是他的,他租住的房屋里还有很多,每次搬家他首先考虑的都是怎样保管好他的书。从日本回来时,他也经常给我带一些和业务有关的书籍、资料。

从设计到康养,奥原先生可谓人老心不老,在他身上总能找到设计师的那种不断思索创新的精神,这也许是他和联众能长期合作的原因之一吧。联众内部流传的那句“联众一直被模仿,从未被超越”,正说明了联众这么多年一直在乡村振兴这个传统领域里不断创新,不断寻找适合自己、适合社会发展的新模式。

联众的乡村运营新实验

时间过得飞快，眨眼就到了2020年。

庆祝新年的余温尚在，联众的新年规划也已就绪，“下南山”，这个按照以往联众的开发套路业已交付的项目，再次进入联众的视野，这次是有关产业运营。

联众要成为乡村的运营商，就得告别以前那类房地产开发式的一锤子买卖，要长时间综合运营。

在我的考虑中，作为乡村振兴的第一步，下南山首先要实现古村落重生，让人们重新回到下南山。第二步，则是产业振兴，在下南山实现一、二、三产业的联动发展，真正实现乡村生命的重生。

在日本考察时，我们发现中国乡村的城市化特征过于明显，其发展模式趋于同一，而日本的乡村则更像乡村，事先规划，根据现代人的乡村生活需求做出响应，是符合现代城里人需求的乡村模式，而不是一个微缩版的城市。很简单的一点，现在中国的乡村也普遍种植草坪，而这是典型的城市景观。在日本乡村，屋前屋后更多的是果园或菜园，甚至农田和林场，除非要做高尔夫球场，否则不会铺设草坪。

在日本福冈有个叫丰厚的村庄，以前靠牛耕种，后来乡村空心化，且比现在的中国更严重，这些耕牛就成了需要淘汰的生产工具。但这些一辈子和牛打交道的农民觉得，没有了牛的农村将不再是他们的农村，怎样为这些牛找一个出路？后来他们尝试以认养的模式吸引城里人来村里认养耕牛，年底的时候将一整头牛杀好，认养人分牛肉，杀牛的时候还搞一些活动，结果这成了一个非常知名的产业。“丰厚牛”也成了日本非常有名的牛肉品牌。我们的日籍设计师奥原先生特地带我去吃了一回，排队等候时间竟然达半个多小时。

与中国不同，日本的人居住更为集中，大量的乡村空心化非常严重，一般人，尤其是老年人根本无力独自完成买地、造房等各项任务，但还是有很多日本城里人彻底告别城市的家，在乡村置业生活。2019年11月，奥原先生带我去拜访一对设计师夫妇，他们在福冈市的乡村置了二三十亩地，自己设计建造了房屋，并在房前屋后种了蔬菜、水果，因为平时去的人少，我们去的时候，主人非常热情地采摘自己种的橘子招待我们，认真地介绍了他们的选址、建房、种菜的经历。他们是硬生生地把自己从设计师演变成了地地道道的农民，只是多了设计师的优雅和洒脱。

有这种向往的人肯定很多，但一般人是完不成的，需要借助专业公司的力量，因此联众这样的专业服务公司就有了新的市场。

在国内，以莫干山地区为代表的高端乡村主题民宿在外部环境的变化下，经营遇到了普遍困难。莫干山地区的民宿大多是外来投资者经营的，因此多了房租、工资等不低的成本，价格很难降下来，但面对客户时这种高价又难以持续。在民宿界的“粉丝”体验过后，新鲜感不再有的时候，莫干山地区的高端民宿也开始走下坡路了。而那些由农民用自家房子经营的民宿，则以其低廉的运营成本、适宜的价格，继续受到市场追捧。国家关于民宿的标准，其基本条件就是农民自家的闲置农房、自己经营、15个房间以内。所以莫干山高端民宿我认为是脱离标准民宿主流的，更像是乡村主题酒店。

很多人总认为联众是做民宿的，其实民宿的收入只占联众整个收入很少的一部分。联众的民宿业务在最近一年里也受到了大环境的影响，个别民宿的入住率下降得很厉害，好在联众有大量的会员支持，在平均入住率上还是比市场要高一些。2019年，联众的民宿酒店板块增长率达到50%，这也是联众在外界环境恶化时，敢于大踏步扩张的原因。

余学兵在丽水市美丽城乡建设培训班授课，联众开始成为与政府合作的乡村资源运营商(程长婴 摄)

下南山村具有悠久的杨梅种植历史，村里也一直流传着“何仙姑送梅”和“仙梅送西太后”的民间传说。4000多亩杨梅基地里种的多半为黑炭杨梅，其比一般杨梅早熟一周左右，产量大，口感好，品质佳。但由于产业结构单一，受气候、销售运输影响大，2012年该村农民人均纯收入不足1万元。

联众介入后，联众自带的会员流量为杨梅带来了巨大销量，同时也将口碑传到了杭嘉湖、北上广等更广阔的市场。2019年，当地杨梅价格一路飙升，从往年的10多元上涨至50多元，实现了收益大丰收。

接下来，联众要通过文化创意等手段，打造下南山杨梅的一、二、三产业全流程项目，扩大种植面积，以满足市场需求。

以前所谓杨梅加工不过是泡几坛杨梅酒而已，但现在联众正在对当地的杨梅产业植入文化创意，通过深加工提升其附加价值。联众要在下南山酒店的基础上，打造杨梅酒品牌，将杨梅与相关加工产业的销售、酒店服务全部打通，实现一、二、三产业联动发展，第一产业就是杨梅种植，第二产业是杨梅深加工，第三产业就是以“下南山”度假酒店为核心的服务产业。可这样来重新定义“下南山”项目：将之打造成乡村运营中一、二、三产业高度融合的经典案例。

这其实也是政府和专家学者们一直的期许。

近些年来，乡村振兴虽然是高频词，但在实际运作中，仍以政府投资为主，政府通过公共投入，大幅改善了乡村的基础条件，为开发创造了较好的条件。但要真正运营起来，实现农业强、农村美、农民富的三大目标，不可能靠政府直接干，还是需要大量的市场主体参与。目前在乡村振兴产业上，大的市场主体还是非常的少，像联众这样规模化投资乡村的企业更是少之又少。

业界并非不看好乡村市场，实在是这么多年以来所有市场主体都在关注城市，突然让他们转向农村，这个弯转得有点大。

从人才上看，现在的农业还很传统，从业者完全是上一代人，以他们的身体和学识状况，加上土地产权等方面的制约，发展现代农业的可能性很小。而新的一代人如果没有现代农业创业的机会，是绝不会投入传统农业的。那些有文化有技术的年轻人更是都去城里发展了，因为他们从小就被父母教育必须走出农村去做个城里人。况且，于个人而言，城里的发展机会毕竟要比乡村多得多。

这几年，不管是主动去农村走走看看，还是受当地政府之邀前去考察，我发现每个地方发展乡村产业的想法都很迫切。从内心来讲，我也很想帮助他们。但是，每个村庄的资源禀赋都不同，开发模式也必然要百花齐放，仅一家联众，还是力量不足的。

再加上有些地方还在农房是否可以用作经营等老问题上纠缠，政策和法律方面的滞后因素也还存在，想到这，我也难免产生力有不逮之感。

好在浙江有一些领导和专家非常具有创新精神。像浙江省农办原副主任顾益康等人，都是专家型官员。他们从一开始就在思考“三农”的出路，关注各种创新实践。是他们将政策制定、市场实践、理论探讨紧密结合，实现了乡村振兴的三方良性互动。

像浙江省发改委原副主任刘亭先生，他本身就是一个喜欢乡村度假的老知青。这么多年来，他也一直在关注联众，研究联众模式。他一直希望在杭州附近乡村有个地方，能和一些老知青经常聚在一起，甚至抱团养老。丰义星院开放后，我邀请他带了当年知青团同一个队的好友去现场体验了一回田园院落生活，现割青菜，烤番薯，吃大锅菜，大家都说感觉又回到了当年的青春岁月。

喜欢和向往这种生活氛围的中国老年人不在少数，在联众，他们可以暂时逃离城市，在联众创造的沉浸式体验中，实现青春年代的场景再现。

在这个过程中，联众一定要在为用户和农民创造价值的同时，为政府排忧解难。联众将布局全国，为更多的农民提供更多的就业岗位，让农民富裕起来；为更多的乡村提供发展机遇，让农业强大起来；为更多的乡村规划发展方向，让农村美丽起来；为更多的政府解决古村落的维护与修缮问题，也将为更多的游客展现全国各地的大好河山。

除了直接对度假项目投资，联众还通过服务输出模式，为政府、企业提供乡村旅游项目的咨询、策划、营销、运营等服务。联众还可为大型项目建立专项基金，帮助引进产业落地，提供经营管理等特色服务，是乡村振兴产业值得托付的资源投资运营商。

在运营中，联众特别注意不把自己当成外来者，而是把自己当成本地村民的一员。

从具体经营的角度而言，我们也希望通过本地化降低运营成本。一个本地员工，至少不需要另外租房，而且在家门口就业，其稳定性也不是外面雇用的员工所能比拟的。

最关键的是，相比城市，不同地域之间的乡村风俗习惯更加多样，而本地员工不但能够协调好乡邻之间的各种问题，还能提供一种外来者视角的本地文化，或者说，员工本身就是旅游对象的一部分，其行为范式就是本地文化的呈现，真正体现了乡村度假旅游中“民宿”的本质。

此外，联众将在乡村文化建设上着力，最新目标是建德市千鹤村。

浙江省有两个地方曾得到毛主席的批示，一个是大家耳熟能详的诸暨市枫桥镇，当地已经形成了具有鲜明时代特色的“党政动手，依靠群众，预防纠纷，化解矛盾，维护稳定，促进发展”的枫桥新经验，成为新时期把党的群众路线坚持好、贯彻好的典范。

另一个则是建德市千鹤村。这个村虽然不甚知名，但有一句话大家肯定都知道：妇女能顶半边天！这句话的精神发源地就在千鹤村。

1955年，针对劳动力严重缺乏的现状，时任建德县妇联主任的胡采薇撰写了一篇题为《千鹤农业社发动妇女投入生产解决夏收夏种中劳动力不足的困难》的总结报告，发在5月24日的《浙江农村工作通讯》上。

同年9月，这篇文章被中共中央办公厅编入了《中国农村社会主义的高潮》一书，毛主席亲自将标题改为《发动妇女投入生产，解决了劳动力不足的困难》，并题写了长达500余字的按语：

> 中国的妇女是一项伟大的人力资源。必须发掘这种资源，为了建设一个伟大的社会主义国家而奋斗。要发动妇女参加劳动，必须实行男女同工同酬的原则……

千鹤妇女从此成为全国妇女学习的榜样，1977年出版的《毛泽东选集》第五卷中，就有关于千鹤妇女的批示。

千鹤妇女也不负众望，参加劳动生产的积极性空前高涨，涌现出诸多全国妇女典型。其中苏连珠被重点培养，成了村党支部书记，后又担任不脱产的省妇联副主席；洪水花参加了全国妇女代表大会；双手残疾的傅爱娥被评为全国劳动积极分子，进京参加全国表彰会议。

60多年后的今天，乡村振兴大潮兴起，“千鹤妇女文化”被当地政府深度挖掘，成为推进乡村振兴的独特助力。

如今，在建德千鹤村有专门的千鹤妇女纪念馆，村里处处可见“妇女”元素，妇女插秧、积肥等劳动场景上了墙体画。当年千鹤妇女组成了全县唯一的女子基干民兵连，如今千鹤的新时代女子民兵连仍然在发挥着助力村庄发展的重要作用。

当地政府设想，要把作为“妇女能顶半边天”的出处地的千鹤村，打造成浙江省首个全国妇女教育基地，建成为全国妇女干部学院的现场教学点，而千鹤村则要打造成农村妇女创业的示范村。

这几年大量农村劳动力向城市输出，很多农村只剩下老人、小孩和女人，我到各地农村考察时发现农村的妇女干部多了起来，很多村庄的书记、村主任都是女性。村里的男人长期在外，妇女承担起了抚育小孩、孝敬长辈的责任，同时也挑起了乡村经济发展的重担。从这个意义上讲，千鹤重新发掘妇女创业文化，确实很有意义，很有可能再次掀起全国农村妇女创业的高潮。

为更好地发掘妇女创业文化，村里的支部书记已经调整为女性，女子民兵连在抗击新型冠状病毒肺炎疫情中发挥了重要的作用，建德市相关女性领导长期蹲点，妇女大会也可能将在这里举行。

联众也被邀参与到这个村子的发展中来。对这个有着浓郁红色文化和妇女文化的村庄，我们非常感兴趣，但如何做好这个村的产业发展一直是镇里、市里领导首先考虑的问题，好在联众之前在建德已经有了“欢庭·在云端”航空主题酒店，“城仙居·乐龄大洋”两个项目的成功落地，建德当地的领导还是非常认可联众的。于是，联众开始深度参与这个村的产业发展设计和投资。

当年的妇女精神要在新时代得到新的体现其实并不容易,农村不可能再和当年一样将种植和养殖作为主要产业,新时代的农村要在当年的妇女精神激励下发扬和体现新时代妇女精神,那么发展新产业也就势在必行。联众也发挥了自己在村庄运营方面的经验,投资建设以新时代女性精神为主题的民宿综合体和为新建的妇女纪念馆做配套服务的相关产业,并准备逐步参与整个村的运营。

此时的联众扩张,有着两大方面的新机会。

首先是乡村振兴的机会。党的十九大报告指出,要坚持农业农村优先发展,按照产业兴旺、生态宜居、乡风文明、治理有效、生活富裕的总要求,建立健全城乡融合发展体制机制和政策体系,加快推进农业农村现代化。

联众将乡村振兴战略带来的新机遇落实为结合"两山"理念,兼顾解决"三农"问题,通过专业的运营团队、销售团队和策划规划团队,使美丽乡村的运营成为一套完善的体系,为乡村振兴与美丽乡村建设运营树立行业标准。联众将联合乡村度假上下游产业,为喜爱乡村建设、热衷于乡村振兴的人创造与维护好乡村资源。

联众通过系统化运作形成自身的度假品牌,塑造品牌号召力,通过复制连锁运营模式获取更大的品牌效益。联众将集结深耕行业多年的企业家、专家学者、政府相关人员等,通过多维度深入探讨研究乡村大行业发展新趋势,为乡村振兴与美丽乡村建设公布产业发展的标准,引领行业发展趋势。联众切实落实"两山"理念,深耕美丽乡村建设事业,为乡村振兴战略及解决"三农"问题贡献出自己的力量。

其次是新型老龄化带来的机会。经过十几年的发展、积累,联众拥有将近20万名老年用户和几万名年轻用户,他们共同的用户标签是:热爱乡村!

我们的老年用户跨越了20世纪40年代、50年代和60年代三个年代,我们拥有完整的年龄分层,在用户运营方面积累了非常丰富的经验。尤其是

60年代出生的这代人，他们深受改革开放的影响，一定会给中国的老年服务市场带来全新的市场格局。

做个不完全准确的说明，“60后”追求舒适，不像上一代人那样热衷于存钱，而是更会也更能追求价值的创造和体现。

乘着政策的东风，联众为“60后”提供定制版的乡村康养高端服务，定会迎来更大的发展。

随着乡村振兴中对人居环境建设的深入，乡村产业发展也必将成为政府研究和投入的重点，乡村美了还需要富起来，而在乡村有着十几年开发经验的联众，也即将迎来新的“风口”。

2020年的第一个月，我们和浙江电视台签约合作，从4月开始开设一档《乡村振兴浙江行》的电视节目；我们聘请专业团队为我们开发了“村长说”网络平台，通过村干部直播＋电商模式，全方位推介村里的旅游、农业等资源，同时在各大互联网媒体平台全面推广，以视频的方式讲述乡村故事，打包推广，让每个村庄通过互联网走出深山，走向市场。

联众作为产业运营商，知晓市场需求，因此主动承担起这一时代任务，自掏费用，为浙江的乡村做媒体推广，对接资本和乡村。

乡村运营任重而道远，还需要不断去探索。《农民日报》高级记者蒋文龙老师是最早在浙江系统提出乡村运营的，我们也经常一起探讨相关问题，他对乡村的理解常常让我受益匪浅，也让我更坚信乡村运营的春天到了，联众理当破土而出，走向更广阔的天地。

第四章　乡村运营商

2014年,《浙江老年报》刊登了一篇对我的专访文章《乡村休闲度假 十年3变》,通过梳理联众走过的历程,提出了联众模式转变的3个方向。

2019年,于国家层面而言,是随着乡村振兴战略的施行,为全面建成小康社会打下决定性基础的关键之年。政府围绕乡村振兴战略出台了多项政策,从金融服务乡村振兴,到开展国家现代农业产业园创建工作,再到建立健全城乡融合发展体制机制,多渠道、全方位、大力度支持乡村振兴战略的实施。

于联众而言,这是聚焦升级的变革之年,是联众模式创新前行的开创之年。我们以"乡村健康空间创造者"的身份将康养产业嫁接到乡村度假产业中,探索乡村康养度假垂直领域。我们深入推进以长三角为核心、全国多点布局的战略,我们广泛联合多方密切合作,扎实集团发展根基,深耕乡村产业振兴全领域。

而我们的终极目标是成为中国乡村资源投资运营商,现在正是迈步跨越的时机。

如果你看到联众哪天不卖产品而是卖模式了,请千万别惊异!

“村回”民宿：情迷桃花源

花开两朵，各表一枝。

一方面，我们在向康养这个垂直细分的老年市场突进，以更加专业的姿态，抢占接下来十年的老年人口红利。

另一方面，在已经取得重大突破的中产人群方面，向高端、专业的方向突进。

2017年初，当时还是媒体人的朱子一接受了《钱江晚报》记者的采访。这篇被广泛转载的题为《杭州民宿5年增7倍，还有人跑步进场200万投民宿，收益跟存银行差不多》的报道中说道：

> 朱子一给自己的民宿取名“止溪”，这跟地理位置有关，院前是浙北最大水系苕溪的支流，皮划艇漂流从中而过，院子里朱子一还特意引入一条小溪流。不过，开民宿可不仅仅因为风景好，朱子一说，这个民宿其实是岳父老房子重新改造的。“对我们喜欢交朋友的人来说，大家喝喝茶聊聊天，将农村的房子打造成分享项目，才有意义。”朱子一说。
>
> 吴国平、朱子一、小贝，年龄不同，身份不同，职业背景也不同，而他们却纷纷投身民宿。有数据显示，2010年至2016年间，各地民宿数量呈爆发式增长。
>
> 表面上看，开民宿是一部分人的生活方式，但实际上，这是一次精神上、文化上的寻根运动。比起财富，这些人更重视自己的个

性和爱好，希望过自己想要的生活，渴望摆脱都市生活压力，很渴望亲情与健康，渴望回到大自然的怀抱。

不过，对于朱子一来说，眼下找到一个合适的民宿管家成了一桩烦恼事。在杭州民宿行业协会执行会长夏雨清眼中，管家才是这个行业今后继续发展最大的痛点。

那时，朱子一正在径山寺下双溪漂流边置地盖房，做一间心目中的乡间民宿。不图赚钱，就图个情怀。

像他这样的设计师或者文化人，应该是不少的。所以这个网传95%民宿亏损的消息，于他们而言，可能没多大冲击力。

但是，两年之后，经济下行，人们还能对此无动于衷吗？

从产品本身而言，“止溪”的条件好到几乎无以复加。

占地面积很大，全部沿溪一线水景。有草坪，有竹林，有果园，有池塘，院中有溪流，有芦苇丛，周边是稻田。一到夏季，萤火虫漫天飞舞。

附近的四岭水库，在一次水质检测中，被认为是杭州水质最好的。因为很久以前就发展了旅游业，所以这里的生态保护是一流的。再加上千年古寺径山寺的加持，区域位置和文化品位，均无可挑剔。

一座通体白、青灰两色的房子，掩映其中。将近200平方米的常年恒温地下室，有书画创作空间，有自然采光窗，还有一座由上千本各个朋友赠送的各式书籍组合而成的价值体系非常丰富的图书室。

这处院落，的确满足了朱子一作为一个文化人的乡村居住梦想。

但是，既然是民宿，运营就是极重要的。没有运营，就是不动产，不会自然产生利润。何况，园子是需要维护的，哪怕不动，费用也是要产生的。

2017年民宿尚未开业，朱子一离开工作了20年的媒体机构，创立了老年文娱互联网公司——杭州百乐萌文化科技有限公司。民宿，自然需要别人代运营了。

还在选址阶段，朱子一就邀请我去帮忙参谋。当时我对他说，如果你运营不起来，联众给你代运营。

他当时没吭声，肯定是想自己做民宿主人，过一把瘾。结果2017年初，他已经发现管家难找，自己肯定不是那块料。到了民宿开张时，他自己却跑去互联网创业，还真不幸被我言中，不得不找我来代运营。

于联众而言，这其实是一个很好的市场机遇。因为类似的情形很多，双方的合作诉求和诚意，也都完全合拍。

朱子一的选择肯定是有道理的。一方面管家难找，这毕竟是个专业的工作；另一方面，这么大的体量，完全可以做成一家小型的乡村度假综合体，这可不是一个上班族的能力能搞定的事。

事实上，朱子一全家都扑在"止溪"项目上，从绿化移树、果园栽培、草坪维护、池塘养鱼、竹林挖笋、除草施肥等各个方面，一家人干着一家公司在干的活。累死累活，还是难免百密一疏。有次朱子一说，才3个月时间，林中的草就长得有一人高，人都进不去了，只好另外请人来专门除草。

他这个人又有点生态主义，所有的垃圾都不能埋在地下，必须集中统一处理；不准用农药，免得伤着了萤火虫等生物；不能张网捕鸟；房间里不安装电视机，鼓励来宾去楼下书吧读书、聊天、写书法，或者干脆去种地。

有这么一个固执的主人，于民宿运营虽然会增加难度，但也是件好事，很容易做出调性来。

经历过"情怀大爆发"后，市场上有很多这样的项目。这对于正准备在中产市场和年轻人乡村度假市场上一展身手的联众而言，正当时。或者说，如果说之前我们是重资产运营，现在运营别人已经建好的项目，其实是模式输出，资产非常轻。

这有点像什么？联众当年错过了乌镇，现在不会错过"止溪"。乌镇在对外输出管理，联众也一样。

但是，在2012年2月，联众刚接手安吉、青田两地的乡村民宿运营时，并没有做好完全的准备。独立个体的民宿虽小，但在管理上仍需要面面俱到，甚至比大酒店的要求还要高，民宿客人更讲究体验感和互动感，而商务酒店客人需要的是一间干净舒适的暂住一晚的客房而已。所以联众也是在做了相当长时间的准备后才开始接手民宿委托运营的。我是最早做民宿的人，在国内还没有出现民宿一词的时候我们就做了，那时人们称我们做的是高端农家乐，我也是第一个向民宿泼冷水的人，现在当民宿的发展和消费都趋于理性的时候，我们接手民宿运营或许正当时。

我原来的打算是，继"城仙居""欢庭"之后，小体量的中国江南乡村别墅式民宿使用"村回"品牌，作为"欢庭"的卫星店，这也是联众在"共享村落"概念下的线上线下实操探索。

这其实是错配。因为"村回"是民宿品牌，而"欢庭"是酒店品牌。以"欢庭"的团队去运营"村回"项目，肯定会泯灭民宿的个性，代之以普通的标准化酒店模式。再加上民宿的运营范围很广，可能包括农场、农产品、户外活动等，而酒店只是做客房管理，这中间的差距，不可以道里计。

因此，在2019年底，我们单独成立了春地民宿管理公司，将"村回"和"春地"品牌从"欢庭"体系中独立出来，单独运营，以求更专业。

自"欢庭"品牌开始，我们有意识地将客源拓展到整个家庭，将服务体系拓展至乡村特产和绿色食品供给等旅游周边产品，引入生态农事活动作为乡村生活体验，结合周边旅游景区打造配套丰富、业态完善的综合体，满足城市居民深层次乡村度假的需求。

但乡村综合体不可避免地体量受限，因此要建立起可复制的经营模式、健全的管理制度，在山野中生动展现乡村生活的真谛。

在这个过程中，我们逐渐发现，应该把针对城市中产和白领的民宿产品与老年产品区分开。"欢庭"虽然针对的是家庭乡村度假，但因老年人的度假产品需要与年轻人差异甚大，其主要客群仍然是老年人。而民宿类产品，其风格和价格与家庭度假完全不同，可能老年用户觉得过于冷清，而年轻人恰恰觉得简到极致才是美好。

用不同风格来描述可能更准确：老年人讲究花团锦簇、热烈向上、大红大紫；很多年轻人喜欢“性冷淡”风，最好是一星期也不要有一个人来打扰。

所以，同样是乡村，但老年用户和年轻用户的乡村，根本就不是同一个。彼村是童年回味，其味浓烈；此村是躲避喧闹，云淡风轻。

用《钱江晚报》原编辑王君权和朱子一为“止溪”撰写的一副对联来形容，老年人就是上联：人生知止能行远。年轻人就是下联：清风怀虚不惧高。

年轻人和老年人，正如一副对联的上下联，彼此相依相存，但又分隔两边。做服务和产品的，自然要领会这一层含义。我们有些时候就是没有对市场做细分，提供的产品便不能遂用户的心愿，出现了偏差。

事业越做越大，分工自然越来越细。经过运营测试，我们决定把“村回”品牌从“欢庭”酒店系列中独立出来，作为专门运营高端民宿的品牌。

与之前“城仙居”“欢庭”品牌的自有物业不同，“村回”项目重点进行品牌输出管理。也就是说，自“村回”品牌始，联众将与乌镇的运营方一样，走上品牌管理输出之路，从而迅速做大做强。

在联众的发展史上，“模式”一直是我们的制胜法宝。但是，联众一直靠产品变现，而没有通过模式输出变现，相当于将一个大生意做小了。

当然，在模式没有完全稳定成熟之前，不做盲目输出、不盲目扩大市场规模，也是稳妥的做法。否则，管理能力跟不上和模式不成熟都会导致倾覆事故。

通过15年的积累，联众的管理团队、运营能力和品牌影响力，以及模式的圆融，均做好了模式输出的准备。

除民宿之外，联众还有一个农场运营的梦想，这便是“春地”。

“春地·休闲农场”专注于休闲农场的建设管理与特色有机农产品的生产。它是集亲子游乐、农事体验、田园康养、科普教育等多种功能于一体的创意田园休闲综合体。农场以生态田园为依托，以农业为基础，潜心为都市家庭提供理想的田园休闲、亲子游乐平台和健康食材。未来，农场将会以连锁形式在各大城市周边进行布局。

儿子在乡村农场。希望每个城里孩子都有在乡村充分展现天性的机会(余学兵 摄)

我一直很看好家庭农场的发展，在美国有200多万家农场，其中88%以上都是家庭农场。10多年前浙江曾经流行过一阵农庄风，其几乎一致地在农田里建个房子，提供休闲垂钓、果园采摘等服务，这批农庄一直处于亏损状态，主要还是因为没有真正做好“农”这篇文章。在2019年初的“三改一拆”中，这类农庄基本上都被拆了。但那种在乡下拥有一间房、几亩田的乡野生活对城里人一直是无法拒绝的诱惑。就像我们创业初期做果园时的效果一样，市场会大大出乎你的意料。我一直想做一家真正的农场，面积在50亩以内，种着各季的蔬菜水果，挖个小鱼塘养点鱼，在果园里养点鸡，当然少不了一间房，只是一定要合法，这样才能长久。

而“止溪”正好拥有这样天然良好的基础条件。一方面，“止溪”的民宿风格非常适合做中高端民宿，能够打造成“村回”品牌输出的模板。另一方面，“止溪”拥有近20亩的沿溪农田和竹林，适合打造成“春地”品牌的示范基地。

将“止溪”打造成两个品牌的“旗舰店”，还有比这个更合适的吗？

一个项目要获得成功，项目本身的商业逻辑、运营团队的匹配程度、恰当的时运缺一不可。我相信联众的商业逻辑是信得过的，现在也正好是介入民宿业的恰当时机。唯一需要锤炼的，是团队。

“村回”和“春地”品牌的推出时机，正好与联众内部管理架构的调整同步。

自2020年始，联众将原来垂直型的管理架构调整为扁平化的管理体系，放权给各个独立板块，发挥每个板块的独立自主运营能力，形成内部创业和竞争的格局，让联众模式迅速铺开。

在此过程中，“村回”和“春地”两个筹谋已久的品牌运营，也顺势展开。无论是团队，还是项目，都可以通过开放手段，打开大门，面向全社会招纳贤才。

春地公司完全是新组建的团队，它的运营以用户运营为核心，产品来自联众体系以外，其改变了联众以往“自产自销”的模式。联众希望春地公司的运营能够为联众的用户运营开辟出一条新路，成为联众模式的一个新支流。

2019年底，经过长时间的研究、设计，“村回”和“春地”运营团队正式拿出了“村回·止溪”民宿的运营方案：“村回”＋“春地”。

具体而言，“止溪”原有的现代别墅因为配备了地暖等现代设备，是一个温馨的处所；每个房间都悬挂了名家书画，又有地下室作为书吧；远眺径山寺，近观四岭湖，真是一处文人士子散心乡居的绝妙处所。如果非要作比的话，应该是《红楼梦》里妙玉的道观。

而主人已经种植了三年的果园，则用心侍弄，将其打造为百果园；菜园、竹林，累年有出，常年供应新鲜菜蔬，是为春地农场。

至于挖沙而成的自然鱼塘，规划设计为非常漂亮的泳池。整个庄院有源自杭州周边水质最好的四岭湖水引入，溪水蜿蜒而过，自草坪、戏水池、闸池，而入游泳池，最后注回苕溪。

其实，这个泳池的设计一波三折，因为女主人是全国游泳冠军俱乐部的成员，最初的设想是建一座标准赛道的泳池，但考虑到来“止溪”的玩家多是文弱书生，此议遂作罢。男主人朱子一甚至还有个“蛮不讲理”的提法：整条苕溪都是泳池，何必多此一举。

但既然由“村回”运营，自然要根据“村回”的运营方式来调整。对于绝大多数玩家来说，游泳池其实是拍照场景而已。所以，建一座可以穿着泳装拍照的私家泳池，就是必需的了。

泳池边是一片干净的鹅卵石场地，可作为帐篷营地，这自是再好不过。

而在另一处竹林，则是天然的户外CS基地，装备起来，莫此为甚。

“村回·止溪”项目的运营，对春地团队是个很大的挑战。因为产业链条很长，不像“欢庭”那样纯粹是酒店客户经营，也不像普通的农场那样，休闲运动就行。

这个项目虽然是一处专为城市中产文青和白领打造的乡村理想桃花源，不过也没有脱离了联众乡村振兴的初心，其核心还是乡村。

从此，联众将拥有乡村旅游全产业链的产品，拥有从青年到老年人群、从中低端到高端业态、从度假到康养功能、从文艺范到生态农场的不同类型的产品，联众将彻底进入城市中产以上家庭，成为城市居民的乡村旅游综合服务商。

这是第一次，我们没有自己盖房子，而是拿着别人盖的漂亮房子，输出现代、专业的服务。

这是第一次，我们将模式本身而非产品进行销售。

联众要成为全国最大的乡村度假休闲网络，成为中国乡村资源投资运营商，这是必过的门槛。

在金融最火爆的时候，联众没有玩金融，但资本是现代企业必须参与的。虽然联众很早就被风险投资赛伯乐相中，也被杭州市创业投资引导基金相中，但在将近10年的时间里，只有项目层面的投资合作，却没有公司层面的资本运作，这显然是会严重拖慢公司发展步伐的。

好在联众的模式已然完全成熟，有了资本的加持，可以快速扩张。甚至，从现在开始，联众在输出模式的同时，也要投资一些项目，作为联众的上下游配套合作方，拓展联众在乡村旅游度假和老年产业领域的版图，从而奠定自身在乡村休闲行业永久龙头企业的基业。

文学青年的“春地”

念念不忘，必有回响。

春地农场于我而言，还有特殊的情结。

在联众刚创立时，这个公司的名称带有“农业”二字——杭州联众农业技术开发有限公司，正如本书一开头所述，是从卖“我在乡下有一亩果园”开始的创意，然后才有“我在乡村有一间房子”，再到后来“我在乡村有一处院子”，直到“我在乡村有一帮朋友”。

尤其是有段时间，食品安全成为全民关注的热点议题，加上我自己就是农学专业毕业，联众在这方面本来拥有得天独厚的优势，一开始也做了相应的产业规划，但因行程趋紧，竟然一直未能如愿，直至今日。

在另一层面，“春地”则是我青春时期的一个事关文学的梦想！作为一个品牌，我在它身上投注了很深的感情，而且这段情缘长达30年！

20世纪80年代，我读高中时，“文学热”席卷全国。那时我还是个“流行”的文学青年，在语文老师郑越华的支持下成立了文学社，并担任社长。郑老师给文学社取了一个很有寓意的名字“春地”，期待我们能在这片新生大地上收获自己的文学梦想。

文学青年是多少文学少女心目中的白马王子啊，但我并没有因此收获爱情，却收获了梦想。

当时正好是国内学生文学社团发展的高峰期，“春地”在全国中学生文学社团的交流中，都是排得上名次的。

一开始，我是文学社的社长，后来考虑到我更适合做主编，就和原是主编的徐剑波同学换了一个位置，我就做了主编。他比我能交际，我字写得比他好，因为每一期《春地》刊物都需要刻字油印，写一手好字加上还能写点小文章的我自然更适合主编这个位置。

“春地”，顾名思义，即春天的大地，万物复苏。就像正在茁壮成长的青年学生，大家因喜欢文学而聚在一起，在大地上发挥自己的才华，每个人都生机勃勃。

那时候，全国弥漫着春天到来时冰雪解冻的快感，人们急着表达一切，文学团体和刊物的名称都充满了野生力量，充斥着具有田野风格的激昂话语，如《萌芽》《收获》《新芽》等，恨不得一夜之间“楼上楼下，电灯电话”，这正是当时的课本里描绘的共产主义景象。

而我们这帮青年学生，唱着“八十年代的新一辈”，想在历史上留下自己的印迹。好像每个人都在创造历史，都在见证历史，都在为一个懵懂中的前景努力生长。

春地文学，再恰当不过地表达了我们的这种渴望成长的青春愿望。

我在十几岁时做着文学梦，没想到，它真正的实现却是在我40多岁的时候，在我着手写这本书的时候。

那时，学校虽然有指导老师，但是出刊的费用全部要自筹。我们油印《春地》文学刊物的经费，自然要我们自己省吃俭用节省出来。

可能现在很多小孩都不知油印为何物，它可以说是一种“古老”的简便印刷方法。印刷前，要先在特制的蜡纸上用打字机打字，或者用铁笔刻出文字图画，然后让蜡纸附在普通纸面上，在上面涂施油墨，油墨透过打字或者刻写的图纹孔洞，而印刷到下面的普通纸上。这又叫“誊写印刷”，是孔版印刷的一种。在革命根据地，因为缺少铅印的条件，油印成为文字宣传的重要方法。

刻好蜡纸后，将其固定在架子上，用类似刷墙漆的滚筒的工具往前一推，就可以开始批量复制了。

话说回来,联众发展到2017年左右,终于回过头来想做一个农业品牌,苦思冥想,想不出好的名字。女儿有一天提醒说:“以前你的社刊《春地》的名称不是蛮好?”我心头一动,就这样定了。

春天播种希望,这对联众进入农业领域,也是良好的寓意,于是我赶快去注册,竟然发现无人在先,开心得不得了。

我女儿曾看到过一份《春地》社刊,但最近想找来看看却发现找不到实物了,很是可惜。

在我中学毕业的前一年,指导文学社的语文老师郑越华去了《衢州日报》,他能写很好的文章。在此之前,我自己也经常在开化县广播电台、《衢州日报》等媒体上发表文章,偶尔收到10元、5元的稿费,感觉很好。那个时候,1元钱可以吃一餐荤的食堂菜,改善一下伙食。我的个人虚荣心得到极大满足,别人也很羡慕。

虽然我后来没有往文学方向发展,但是与农业挂上了钩,这一挂就是一生。

而现在,我又通过农业接续与文学的前缘,岂不是前定?

除了以“村回”品牌运营“止溪”,春地公司正在与莫干山的几家民宿洽谈委托运营事宜。杭州市郊区类似的需求很大,很多民宿业主很有情怀,产品做得也不错,但经营是一件很专业的事,很多人并无此运营能力。

联众在这方面还有团队建设的空间,但总体而言,将联众称为国内最大的民宿运营公司,恐怕也不为过。联众统一市场推广的“城仙居”系列民宿,目前已超过300幢,国内尚没有第二家公司有此规模。

很多人对民宿的理解有误区,现在市面上很多民宿其实是乡村精品主题酒店,这种产品有很多局限性,影响力无法复制;而“城仙居”是真正标准的民宿:每幢农居有15间房,由农民自营。

相较之下,“村回”品牌做的是高端民宿运营。这个系列的产品中,非标产品多,自建物业少,以模式和团队管理输出为主。而且联众将发挥自己在乡村运营方面的特长，将民宿与周边村庄结合起来运营。

一定要厘清概念的话，“城仙居”是与农民或村集体合作的，当时没有民宿概念，只是单独地卖农村的优质空气和水，是康养概念。

“欢庭”是酒店，卖的是乡村生活。

“村回”民宿，意在回到村庄，跟酒店完全不同，是独立运作的品牌。

“春地”项目将由三大板块构成：休闲农业、农场，营地、房车、帐篷等非标住宿，农产品开发及销售。

这个项目的运营难度远远高于“城仙居”和“欢庭”系列，前者主要是客房管理和销售，而“春地”项目是跨越农业、户外运动、民宿几大产业的综合性产品，链条非常长，对团队的运营管理能力提出了巨大挑战。

待在这样的地方，老年人会觉得回到了小时光，年轻人不会觉得没事干。

像“止溪”的业主朱子一，他曾经设想过在“止溪”开发两款产品，一款是“止溪”生态假期，另一款是“止溪”文艺。文艺项目需要依托的资源更为稀缺，比如作家、画家、音乐家等文艺界资源。这个方面可遇而不可求，但朱子一本人正好有这个资源，那是再好不过。

我认为，既然“村回”系列是非标产品，就不能做得千篇一律。更何况，原有的业主本身也都是很有文艺和设计情怀的，将他们的价值追求汇聚起来为“村回”所用，何乐而不为呢？因而，要保持和充实原业主确定的情调，根据市场情形加以调整升级。

但生态假期这个板块，虽然目前也有一些农场运营得还不错，但将住宿、餐饮、农业全部做得很好的公司，市面上并不多见。我想，“春地”的运营团队一定会在这方面取得突破，使其成为联众创业板块中最为重要的一块。

在联众的一个宣传稿中，这样描述“春地”天堂般的美妙乡村生活：

有一种生活，叫联众休闲度假。

在乡村，在绿水青山之间，

以质朴的方式寻找初心，抚慰乡愁！

有一种周末，叫春地农场种菜。

挥汗间，爱人已沏好山茶，

孩子采回一束烂漫野花，满脚泥巴！

周末，

有人选择坚守都市的繁华。

有人深居简出，时间在安逸的温室间打发。

有人选择前往乡间田园，探望竹篱笆上悬长着的甜瓜。

平日里，忙于奔波，

很多人留给家人的时间甚至只有“深更半夜”。

工作忙碌，大家忽略运动，透支健康。

书画、钢琴、拉丁舞，各类兴趣班占据着孩子们的周末，都以为这就是孩子所要成长与收获的全部。生活中，不缺巧克力和奶酪，不缺24小时的热水，缺的是食用市场买回来的瓜果蔬菜的那份安心。

我们认识到，大自然是最好的老师，大自然是最美的空间，大自然可以赋予健康的食材、唯美的心境。于是，我们开始了“春地”计划，决定给更多的人奉上春地农场，共享“一间房子＋一块菜地＋一处风景”模式的周末田园时光，一个有归属感的“田园之家”。

周末，带上家人，回到“田园之家”，体验田园别样生活。

翻地、劈柴、割草、喂羊、喂鸡……做点义工活，挣积分，换取农场农产品。

一块儿侍弄自家的专属菜地，收获新鲜食材，收获酣畅淋漓，收获和煦阳光……

学习农耕，辨认作物。

农场里有麦苗，有韭菜，高高大大长在湿地里的是茭白。

孩子们在自然的农耕生活中，学会了分担，懂得了责任。

累了，就在专属“田园客厅”里歇息一会儿。园里菜花开了，蝴蝶也飞来了，阳光慵懒得刚刚好，芬芳的泥土味和着淡淡的菜花香，沁人心扉。在这一刻，所有的疲乏随风褪去。

也可约上三五好友，在“田园客厅”这个专属的家园里，聊天，喝茶，品尝自种的瓜果。

中午，就到农场餐厅好好犒劳一下自己，新鲜、正宗的食材，这是农场所给予的最起码的福利。

一家人也可以选择自助烹饪，柴火灶、柴火饭，现采现炒的蔬菜。孩子在草丛中拾到的那几枚“野”鸡蛋，配点韭菜或番茄，正好是中午餐桌上的一道美味。

农场的池塘里，螺蛳很多，挽起裤腿，提着竹篮，一会儿工夫，可以收获半篮子。浑水摸着摸着，运气好点的话，会突然蹿出来一条野生鲫鱼，给你一个“惊”喜。

在农场的田埂看见蚂蚁浩浩荡荡搬家，看见大量蜻蜓在头顶盘旋，告诉孩子，嘿，马上要下雨了。这是大自然规律的一部分，增添孩子们的想象力。

从前，我们跟着《老余看风景》，而接下来的周末，我们可以跟着老余来春地农场种菜。

在春地的家园里撒下希望的种子，共同收获喜悦、陪伴、灵感、健康、惬意……

这个文案是“春地·龙门农场”会员招募时用的，但也可以用在这个系列产品中。

联众会员在春地农场享受乡村生活(杨小歌 摄)

文中提到的《老余看风景》,是我开在《杭州日报》上的一个专栏,读者们可以跟着我的脚步,走遍祖国,看尽乡村的美好风光。这个栏目开了很久,因为我几乎每天都在跑乡村,所以文章从来不重样,也就不存在一般专栏写着写着就没的写的问题。可以说,中国乡村有多大,这个专栏就可以写多久。我的看风景不仅是用眼睛看,更多是用心看,写的是我对不同乡村的感想和认知,还是有一定深度的。

可以说,在深度和长度两方面,"春地"都必须做到极致。因为我们之前的项目,相对高端的是"欢庭"酒店,这个是"不出门"的酒店项目;"城仙居"则是康养项目。

而"春地"和"村回"项目,则是既要将室内打造成高端民宿,又要将户外打造成为乡村田园。室内、户外双管齐下,难度可想而知。

好在我们的“春地”运营团队之前有过户外运营的成熟经验，尤其是在乡村旅游线路规划、执行方面，拥有非常棒的心得和经验。加上这个团队已经介入民宿运营一段时间，积累了成功的经验，再链接上联众原有的酒店和民宿运营体系的培训，相信可以将玩的部分做到最好。

有一点让人担心的是农场管理。因为农事管理是与旅游项目管理完全不同的领域，其地理环境、水流等差异很大，很难一概而论。就以“止溪”为例，其地处苕溪边，场地的排水设施要非常好，否则草坪、果园里面的作物的根部会被雨水和溪水长时间浸泡而腐烂。

当地的优势作物的管理，当地土壤的情况，当地外来物种的管理，诸如此类，哪怕我这样的“农业专家”，也未必一时半会能够完全掌握，这其实是需要农学专业人员来管理的。

倒是溪里的鱼虾之类，只要水质良好，就会自然生长，最难侍弄的还是绿植农田。因为“春地”项目所在的区域一般都是生态环境非常优质的地方，这也意味着生物非常多样，既有萤火虫，也有野菊、芦苇，它们共处一域，我们稍有不慎，就可能破坏原有的平衡。

朱子一在他的《去乡下盖间房子》里讲过一个故事：他不辞劳苦，从甘肃挖来了沙棘、苜蓿、刺五加、苦蕖等作物，从福建泉州挖来了刺桐等，因为土壤、水分、气候等方面的差异，需要异常小心关照。结果有一次，因为园子里野草太盛，他请了村里的几个老人除草，等他发现的时候，这些不远千里而来的珍贵物种全被当地农民当作杂草除了个精光。

哪怕是竹子，余杭的竹子和安吉的竹子的品种可能也不同。

“春地”项目必须有非常专业的团队来运营。

加油啊，兄弟们。

战　疫

2020年春节前夕，全国的民宿业主正在积极准备迎接鼠年春节期间的旅游大行情。对他们来说，春节是一年当中最重要的一个节日，都市人更加炽烈的回归乡野的情怀在遇上春节这个传统节日时，更加泛滥。春节不仅是全球华人的节日，更是民宿业主的佳节。

有民宿专家曾对这个春节的行情做出预测：消费再升级，旅行正在成为人们生活中不可或缺的一部分，也带来了新的过年方式，一家人去民宿过春节的方式将会成为一种新趋势。

归乡的人们，加快了脚步。老板们忙着发红包畅想着来年的收成，城里的Lucy、Tina、Andy急着盘算给老人孝敬多少礼包，好回乡后让长辈们乐呵呵地叫一声“狗剩”“三丫”。

你说乡村旅游度假的兴起与2003年的“非典”有没有关系？

不能说没有关系。如果说之前人们只是在心中有个事关故乡的梦想，“非典”则实实在在地让人们想起了乡村的洁净。

但如果是与“非典”类似的疫情，是不是会短期内极大地摧毁人们度假的可能？百分百是的。

大胆地推测一下，再过些时间回头看2019年，一定会发现2019年是个特殊的年份。2019年初人们就在讨论防止“黑天鹅”“灰犀牛”，结果迎来的是有史以来最大的贸易战。到了2019年底，人们纷纷猜测，2019年是过去最差的年份，但有可能是未来10年最好的年份。

话音未落，武汉爆发了新型冠状病毒肺炎。连2020年都不用等，直接抢在2019年的最后一刻，给了人们一记重锤。

农历腊月廿七，公历1月22日，由于打算年后要大张旗鼓地干一场，所以朱子一的百乐萌公司早在一周前就放了假。他处理了一些必须处理的事务，回到“村回·止溪”民宿度假、过年。

但随着春节的临近，凭着20年媒体工作生涯积累的资源，此刻他已感受到了沉重的压力。一方面，武汉的应对策略显然走上了与2003年“非典”差不多的老路。另一方面，如今的媒体已无2003年的勇气，当年勇曝黑幕的《南方都市报》，如今日薄西山。社交媒体上，碎片化的信息令人莫衷一是。

他感受到了寒意。百乐萌的新年安排可能要全部推倒重来，这个规划是花了两个多月时间做的，所有的人力、资源、战略，全部既定。一旦调整，意味着一切归零。

他询问“村回·止溪”民宿的运营人员：“今年春节有客人预订吗？”

得到了肯定的回答。

是的，联众所属的酒店和民宿，在春节期间一向是热门。

想了想，虽然可能有点多事，但他还是提议道：“你了解一下来客的结构，如果是武汉方向来的，注意防护。”

他想了想，怕服务员没听明白，又加了一句：“如果‘止溪’因为疫情而被隔离，损失是半年以上的。”

要知道，在这个时间点，全国基本上还是一片歌舞升平。就连湖北人甚至武汉人，都还在赶回家过年。

服务员马上将情况向我做了汇报。

而后，民宿当即劝退了客人。

朱子一甚至冒着不为亲人理解的风险，取消了所有家族亲友的聚会，坚决阻止老人外出打麻将、聚餐。

人心惶惶，稳妥为上。2003年的混乱，宛在眼前。

果然，一到大年初二，情况明朗了，当地政府通知“止溪”：停止接待客人。

我们的安全，与客人的安全是一致的。

春节放假前两天，我刚刚组织所有门店店长开了一个动员大会，会议内容是给大家鼓劲，为迎接春节大客流做好准备工作，要求各个门店做好人员轮班、春节氛围布置、厨房年货储备等。没想到刚刚踏进鼠年的大门，这所有的精心准备都白费了，全部换成了严防严控疫情的工作。

大年初一，我还在开心地看着酒店春节预订实况表上满房或者即将满房的数据；可到了大年初二，“欢庭”酒店公司负责人就打来电话说多家门店接到当地政府要求停止营业的通知。

我们马上召集高层讨论，初步策略是疫情严重区域或者政府要求停业的门店先关门，但要做好严格的防控措施，其他门店再观望一下。

到了大年初三，随着全国疫情数据的快速增长，我们开始意识到这场疫情的严重性，立即让总裁办发紧急通知：①所有“欢庭”“城仙居”“村回”门店全部停止营业；②延长春节假期，整个集团的上班时间按照政府要求延至2020年2月9日（实际上我们到2月29日还没有获得复工批准）；③停止所有酒店的OTA预订。

到了大年初四，我们所有酒店均开始对在住客人实行劝退工作，并逐个打电话给预订客人并劝退，订金全部如数退回。

新型冠状病毒的蔓延，让各个地方开始清醒地意识到防控的重要性，大量的返乡人员带着大包小包兴高采烈地回到自己村里的同时，也有可能带来病毒，只有封闭村子，劝导这些人留在原来的城市，才能减少村里的感染源。

这个措施的确是非常正确的，但对大多建在乡村的民宿来讲，这个措施简直就是当头一棒，将所有希望都打破了！

联众旗下的所有酒店、民宿也是如此，当各个门店将信息反馈到我这里的时候，我没有惊讶，这已经在我的意料之中。

进入正月后，全国的防控措施更加严密，不但村庄封闭了，城市里社区也封闭了，民宿业主们开始陆续接到地方政府的停业通知。

对这场新型冠状病毒肺炎的防控工作，政府的重视程度也是前所未有的，大年初四以后我们的门店开始转向配合当地政府做好疫情防控工作。

贵州的“欢庭·蓝莓庄园”由于位置独立，当地政府提出需要它作为麻江县的疫情防控预案点。门店总经理向我汇报时，我当即就同意了。这个时候我们的确需要帮助政府共同化解这场危机，因为这也是在帮助我们自己，只有快速打赢这场战役，才能快速恢复酒店的正常营业。

公司的微信群里，不断传上来各个项目地的战疫信息。在联众早期项目“城仙居”里，管理员当起了巡逻员、设卡点管理员，主动为住在村里还来不及撤走的会员们提供购买物资的免费服务；“下南山”作为联众规模最大且影响力最大的项目，也开始配合政府停业了。负责这个项目的联众副总裁程长婴则穿上红背心，成为社区党员先锋队的一员站在了社区防控点上。

在走完相关通知流程后，“欢庭”酒店管理公司总经理在微信里给我发了一句话：“这个春节，我们酒店损失惨重！”

一定要把公司的经济损失降到最低。

大年初七，我在公司微信群里给大家布置了假期的工作任务，让大家虽身在家，但要心系联众。酒店要提前做好疫情结束后的补救工作，想办法把春节期间的损失补回来；安排市场营销部门策划设计新的产品，通过网络销售渠道推广；规划设计部门在家不能落下规划设计任务。

作为国内民宿的发源地，莫干山总是走在最前沿。部分民宿人在当地的民宿协会中发起倡议，希望莫干山民宿人能联合起来，在疫情过后，以“家”的名义邀请逆行的医护人员和家人来吃顿喜气洋洋的团圆饭，补过一个不同寻常的春节。最近看到大理民宿也开始发出类似的倡议，希望对奔赴武汉前线以及奋斗在疫情一线的医护人员表达民宿人的祝福和热情。

民宿人都希望国家能够快速战胜这场疫情，也只有每个人都做出自己的努力和奉献才能打赢这场疫情攻坚战。于是，很多地方的民宿人开始出现在疫情防控的一线。

德清的民宿人除了倡议书外，还积极为当地防控工作的一线人员提供热乎乎的食物，有的当起了义工出现在各个卡点上，有的开始四处找渠道购买口罩送给防控人员；长兴的民宿人把原本储备的、用于春节的食物加工后送给被隔离的人们，千岛湖的民宿人加入了抗击疫情志愿者队伍。

老家开化的领导在微信群里寻求医疗物资采购渠道，我想应该为此做点事情，便通过个人关系撒网联系购买渠道，这才发现口罩的稀缺性，政府也把口罩列入了战略物资范围，私人采购更难了。

微信的力量还是很大的，经过朋友们的“六度”空间联系，金华公司总经理程子虎告诉我，他的一个朋友的朋友的公司在生产口罩，在确定可以供给我5000个口罩的情况下，我给时任开化县县长鲁霞光打了个电话，告诉他我想捐给开化5000个口罩，但不知道应该送到哪里。鲁县长说这对开化医疗机构来讲真是雪中送炭了，并帮我对接了开化县疾控中心。

本来说好第二天就可以送货，但没想到在付了款后，一直到第三天晚上才发货，而且是分两批，最后一批要在第四天早上发货。这还是一直让程子虎和他朋友帮助钉着这批口罩从生产到发货的，否则有钱也拿不到货。

“村长说”线上平台原定于3月5日惊蛰节气隆重推出，还好此前开发工作已经完成，我决定在2月8日临时紧急上线“村长说”的电商功能。上线的首个产品就是天目山的春笋，结果大出我的意料，第二天销量竟然达到了700千克。第二个上线的产品是建德的椪柑，橘农们原计划春节销售的500万千克椪柑滞销，我们当天就给卖出了1500多千克。这样的成绩对于一个新上线的电商平台来说绝对可以算得上优秀了。

在几个民宿业界微信群里，很多业主在大吐苦水，作为民宿，一年当中就靠春节、劳动节、国庆节以及暑假赚点钱了，如今整个春节没有收入不说，还要支付高昂的房租、三倍的工资，有的民宿年前储备了很多的食品，也浪费了。对一般民宿业主而言，接下来就是遥遥无期的等待。朋友圈里开始越来越多地出现抱怨，开始晒自己民宿的损失清单，那种无奈和辛酸只有他们自己知道。

这两年民宿的行情并不好，有的已经举债经营，有的正在忙着找接手的下家，这场疫情恐怕会成为压垮它们的最后一根稻草。

民宿行业没有想象中那么美好，但民宿绝对可以勾起你对乡村美好生活的向往，在莫干山等地的许多中高端民宿业主中就有大量这样的人，朱子一的民宿虽不在莫干山，但他建民宿的最大初衷恐怕还是情怀。而他后来又把民宿委托给我们经营，就是看到了自己在民宿经营上的不足，认识到了这是一个看似很美好，其实很苦的工作。如今他委托给联众后，不但可以坐享其成，还可以实现自己的民宿情怀，何乐而不为？

或许这场疫情后，会有更多像朱子一那样的民宿业主，当一个甩手掌柜，而联众的民宿管理公司或许能帮到这些人。

时间进入3月，全国的疫情除了武汉基本算是控制住了，但是政府的防控措施仍然没有放松，民宿、酒店虽然可以开业，但这期间谁会去住酒店？但这个时候突然各家酒店纷纷开始了各种线上推广活动，有直播卖客房的，有通过电商卖酒店套餐的，我们的酒店管理公司也看见“村长说”带来的效果，开始推出优惠的套餐，效果还是非常不错的，好歹能有收入了，算是自救吧。下南山则开始让厨师烧制小龙虾，通过外卖配送给当地居民，平均每天竟然能卖出70多斤。联众旗下各家门店也纷纷开始了各种自救式经营，但几乎都是通过线上销售。

我让“村长说”平台的负责人蔡森快速给每家门店开设了一个“村长说”的子账户，这样门店就可以直接上架产品销售了。

这场疫情的影响对旅游业来讲是非常大的，从2003年的“非典”看，旅游业虽然是恢复比较快的产业之一，但也花了半年时间。从目前政府的严密防控工作来看，如果疫情能得到有效控制，整个旅游业有望在下半年基本恢复，在家里宅了这么久的人们会不会到时来场爆发式的旅游消费？

那时估计我的这本书也出版了，都期待着吧！

与联众同行

时间是什么？生命是什么？

时间就是15年前，我在为他们做产品；15年后，我在为我自己做产品。

到了这次疫情，我都成为易感的中老年人群中的一分子了。

而生命，正是通过产品，在不断延续和更新，以保持生机。哪天哪怕我已垂垂老矣，联众依然激情澎湃。

生命就是这样有趣，这样不急不缓，有时候你都不知道自己是怎么走到这一步的。或者说，你完全不能相信，现在就是你当初想象的样子。

我以为自己永远35岁，意气昂扬；我以为创业如四人麻将，热火朝天。

一切都是如果。一切都没有如果。

一切要回到起点，去寻找初心。

第一回合，与我们同行的是农民。

我所做的工作，与媒体的商业逻辑有点接近——“拉郎配”。将农村的好水好空气，卖给城里苦闷的人们，做个好中介。

但我的出身让我站在农民这一边。城里人虽然是买单者，但我要真正解决的问题，却是“三农”问题。就连当时公司的名称，也带着“农业”二字。

农民会感激你，但也会眼红你。直到下个回合，我们的同行者是投资人朱敏和杭州市政府的投资基金。

既然是一项产业，就不能当作公益来做。要做出品质，就必须有资本运作。资本的加持，不仅是钱，还有管理和思路。

这个时候，随着政府的投资到位，政府的政策支持也跟上来了，有志于

城市周刊 杭州日报 B12 领导者 2015年5月8日 星期五 编辑：王越 版式设计：朱莎莎

余学兵：乡村度假品牌引领者

记者 杜悦 实习生 王明清

17世纪英国经济学家威廉佩蒂认为，土地是财富之母，劳动是财富之父。而当工业化、城市化对农业现代化的影响日益加深时，如果没有资本和科技的投入，在劳动和土地的婚床上，财富的诞生仅仅只是一个梦。

余学兵很早就认定了这个道理。出身浙西农家的他，经历过家庭从富足到贫穷的变化，让他很早就开始思考，农家如何致富的问题，而当他因为读书、工作的缘故在很多城市晃荡过一圈后，发现农村依然是块处女地，潜藏了很多致富的机会。

于是他以杭州为圆心，在周边的农村画了一个圈，创立联众这个乡村度假品牌，11年的发展，使联众成为国内乡村度假领域的先行者，也是目前该领域中的第一。

图片由本人提供

创业　从农村走出来，干过很多行业，又回到农村

发展　让城里人实现了田园梦，又让农民不投钱赚了钱

转型　未来的乡村度假，一定是以家庭为中心

对话

城市周刊：在创办联众之前你做过很多行业，这些对你后来的创业有影响吗？

余学兵：我在乡政府待过，办过龙须糖加工厂，失败后打过工，后来又做过桶装水的生意，还在报社待过，每一份工作都会有经验和教训的积累，而报社的工作更让我深入了农村生活，并且学会了宣传和推介，这是联众成功的关键。

城市周刊：现在除了自有产业外，你们做了很多延伸服务，比如也卖度假产品，这和以往的分时度假相类似，如何减小风险？

余学兵：我们把这个服务叫做分享度假，就是会员交了5万元钱后，不仅能入住"欢庭"度假酒店，还能和其他酒店换房。这和以往的分时度假有些类似，但可靠程度高，一是我们"欢庭"的度假房是实物，一直在那里；第二为了保证服务，我们跟银行合作，由广发银行发放联名度假卡，解决信用问题。客户办理的时候也可以按揭分期付款，手续费利息全部免费。

城市周刊：为什么会想到办老年大学？未来有什么打算？

余学兵：2004年联众成立，第一批客户就是中老年人，他们是联众的基石，而且目前这个市场是非常紧缺的。把这部分人吸引起来，办免费的老年大学，可以增加客户信誉和好感。未来老年大学准备独立出来，以后所有老年产品都会想到通过这个平台销售，老年大学是我们延伸的一块。

城市周刊：物业租金那么贵，为什么还要到社区开乡村生活体验馆？

城市周刊：联众领取过现代杭商投资集团和杭州市政府的创业投资引导基金，现在有没有新的投资加入？

企业名片

《杭州日报·城市周刊》整版报道

解决“三农”问题的有创新意愿和能力的地方政府,自然会成为我们一路的同行者。

此时的我们,恰如当年的桃园三结义,朝气蓬勃,人强马壮。我们呼啸而至,无人能挡。有那么一瞬间,我们好像离成功已经很近了。也许,真的像传说中那样,有一刻我们能在证券交易所敲锣。

但当市场被冰冻、业务被停滞,所有的矛盾都会凸显出来,有些人会离你而去,传说中无人同行的第四回合到来了,我真正成为孤独的创业者。

你要感谢他们曾经与你并肩战斗,哪怕只是一起走了一天,也有一天的美好。

可能随着同伴的离开,你连一个可以商量事情的人都没有了,你可能连一点情绪的疏导都没去处了。是的,你需要享受孤独,让自己成为一个不需要别人扶持也能屹立的人。

毛主席说过:“革命不是请客吃饭。”创业,同样不是聚众打牌、吃酒席。很多时候,你得面对你不想面对的东西,而且是你独自去面对。

这样的日子,可能要一直去享受。换句话说,一个人能独处,才能真正长大。从此不依赖任何人,不依赖外界,只凭内心的力量便能战胜一切,从此能用好员工,使其真正成为事业的伙伴。

无论如何,一同出发的战友,不管业务配合如何,至少在感情上是有共鸣的。而在这个时候,“战”,就一个字。

彼岸同行的不是友军,而是敌军。

要学会和“敌人”相处、同行,直到把他们甩在身后,看着他们灯火熄灭,另投他处。

2017年下南山的成功,成为联众与政府关系的新起点,也成为联众商业模式重塑的新起点。从此刻起,政府而非农民,成为我们的同行者;而且从此刻起,不是某个人,或者某几个人成为我们的同行者,是我们的用户,包括十几万名中老年用户和几万名年轻用户,成为我们的同行者。

组织行业团体共同发展(杨小歌 摄)

我们的队伍浩浩荡荡,我们的伙伴嘻嘻哈哈,我们的业务蒸蒸日上。

我们的运营重点,我们的伙伴、家人,不单单是需要脱贫的农民,更是热爱乡村生活的城里人。

无论是"欢庭"酒店,还是"城仙居"的重新定义,均显示了这一特征。

从此刻起,我们的同行者再度充盈门庭。有投资人参与具体项目,有非常好的员工和已成形的管理团队,有日本来的合作设计师奥原健次,有政府需要我们做乡村规划和运营,有用户需要我们定制度假产品。

一切,再次欣欣向荣。

而在2020年,这个中国全面建成小康社会的当口,我们终于再次想起了15年前的那个愿望:与更多的人同行,让全国人民成为我们的股东,让联众成为一家公众公司!

走出来了,发现这也能做,那也能做。不敢说如入无人之境,至少无论

联众员工是非常接地气的乡村运营师(郭　涛 摄)

往哪个方向去努力,都有可能成为垂直领域的佼佼者。

人有维度,公司亦然。

联众的维度,至少有10个侧面。但我们最为看重的,乃是同行者。

我们一路在吸纳合作伙伴,在延揽人才,在为用户分享机会和财富。这一切的实现,方不负一家公众型公司的抱负。

究其本质而言,联众拥有20多万名固定会员,采用重资产运营模式,从一开始就是一家公众型公司。无非是,我们代表这20多万名会员,应政府不断创新的政策,为中国农村、市民、政府、业界搭建一座桥梁,能够让各方各取所需,共同成长。

人是媒介,公司亦然。如今,联众本身成为一个流量池,只要是做乡村类的或者旅游类的项目,均可与联众开展合作,为用户提供各个维度的服务。

春节后,百乐萌公司推出家传平台,将全国各地的有写作能力的大学生和爱好传记的老年人联结起来,为老年人撰写、出版传记。我们认为,这个项目是男性用户,尤其是有一定阅历的用户非常急需的。

于是,我们率先在上海进行测试。由于春节期间防疫工作的需要,大家无法出门,于是上海公司与家传平台进行合作,开设了直播传记写作课程,让用户能够在家里学习如何写传记,以及怎样配合记者的采访工作。

像这样的合作,我们今后会敞开大门,通过各个平台的专业服务,丰富我们的服务内容,为用户创造更多的价值。当然,各方也能从这种合作中受益。

由此,联众将成为一家浑身都有接口的多功能型、开放型公司,联众的同行者将遍及各领域、各区域、各人群,联众的"人缘"将被推向一个更高的层次。

如此,联众将不仅仅是乡村振兴的践行者,也将是康养事业的践行者,更将是一家平台型而非产品型的公司。

联众将展开双臂,给出10个维度,拥抱各界!

“帝国”的版图

以前的老地主一起床，就要去他的地头转悠一圈，这才志得意满地去吃早餐。

而我，经常要打开联众的商业版图，像作战的将军那样，看看哪里该攻哪里该守，哪里该撤哪里该占领。

除了遍布全国乡村的“城仙居”和民宿，旅行社遍及全球的旅行网络，也

专版23 城市

“城仙居”九城记

这个夏天，到乡村过神仙一样的日子
你可以选择千岛湖畔、太湖源头，
也可以去天目山景区、莫干山脚下……

第一城，九思湖畔

第二城，西坑云海

第三城，大有桂谷

联众的度假网络已成为对手无法企及的“护城河”

是我每天必须顾念的。因为全球每条航线上都可能有联众家人,我必须为他们的行程着想。

而“欢庭”和升级后的“城仙居”项目,则是目前的客户运营重点。

“欢庭·龙门印象”酒店(杭州富阳)

“欢庭·龙门印象”酒店位于孙权后裔聚居地——富阳富春江南岸的龙门古镇景区内。酒店紧邻砚池景点,粉墙黛瓦,闹中取静,融在保存完好的、清一色的白墙黑瓦的宏大徽派明清古建筑群中。龙门古镇的村民90%以上都是孙权的后裔,他们民风质朴淳厚,祖辈将房子傍溪而筑,每幢建筑都体现了孙氏一脉的深厚文化底蕴。

“欢庭·龙门印象”是龙门古镇里最具有东吴风情的休闲落脚之地,酒店外鹅卵石铺就的小路,与古老的房屋融为一体,青翠的苔藓暗暗爬上窗沿与石阶,似精灵般用一抹浓郁的绿色,轻轻勾勒出你关于江南古镇最美好的想象。大门前一座照壁墙上,由西泠印社书法家宋涛书写的“龙门印象”四个大字,苍劲有力,让人足以想象店内的文化氛围。作为古镇内唯一一家以东吴文化为主题的特色酒店,酒店内也处处带有鲜明的中式风格,将当地徽派古建筑元素和三国文化元素相互融合。

进了酒店,气派的吊灯、实木茶几、禅意挂画……点缀着整个公共空间,充满古典韵味,让人仿佛进了古时书香之家,无形墨香扑面而来。通过两面分别悬挂文武战袍的过道,就到了一个大餐厅,里面的家具、器皿全部是定制的,甚至每双筷子上都刻着“龙门印象”四个精美的小字;二楼墙上挂着一件特制的张开的黄金衣,顿时让人感受到当年孙权的王者风范;在三楼的大露台上还可以一观古镇的全貌。

29间不同类型的房间各有风格,柚木色调,古朴典雅,搭配极具设计感却又古典的软装,“孙权”房的大气、“小乔”房内的温馨、“周瑜”房内的文武一体,每间房都营造出独特的古典韵味,让人仿若穿越时空,梦回“三国”。

古典中却不失现代的舒适，让您在休闲度假中得到充分放松。

一枕砚池水，过客两茫茫，一壶茶，二三知己，谈诗词字画，在这里，都市的压力慢慢被缓解，身心也放松了下来。

“欢庭·山水统里”酒店(湖州安吉)

“欢庭·山水统里”度假酒店位于安吉，处于大杭州的“半小时生活圈”内。由5幢独立建筑组成的酒店背靠青山，面朝石马溪，安躺于6万公顷的竹林环抱中，层峦叠嶂，翠竹绵延，葱茏的绿林深处，潺潺溪水从山涧蜿蜒而下，竹林在风中摇曳，沁人心脾的空气扑面而来，充满了水墨画的意境。

酒店运用现代而又不失中国传统风格的建筑元素，构建了一个立面丰富、细腻古朴的度假空间，配合大视野的全景设计，每个房间肆意地将整堵墙体变成超大玻璃窗，实现了“户户可观山景，家家可享绿意”，盛情邀请山里的一草一木、天上星斗、溪涧清泉都来与自己交谈，是难得一觅的自然生态休闲度假之地。

酒店有45个房间，内部设计都是以人的舒适度为出发点，整体空间色彩以暖色调为主，简约舒适却不乏低调的轻奢感，让现代繁忙的都市人在寻找乡村度假生活的自由之路上仍能感受到家一般的温暖舒心。酒店配备有餐厅、茶艺馆、棋牌室、会议室、多功能厅等多种娱乐设施，让旅客既能享受到高端酒店的安全与舒适，又能拥有无限隐秘和自在的氛围。

酒店还别具匠心地配备了共享厨房，在这个完全属于一家人的私密环境里，用自己亲手采摘的满含心意的蔬菜，享受和家人朋友一起动手的乐趣，这里的山野、风声、水流、虫鸣，都给人一种贴近自然的宁静享受，看着远山如黛，四季在此流转，淡泊的情怀油然而生。

“欢庭·赋石山居”酒店(湖州安吉)

安吉“欢庭·赋石山居”度假酒店藏于天赋旅游度假区内，位于“浙北第一水库”安吉县孝丰镇赋石水库旁，赋石水库的名气虽不比富春江，却也美得令人如痴如醉。这里远离喧嚣，难得享一份山野闲趣和避世的悠闲，“挽千顷碧水，倚万重青山”，拥有得天独厚的旖旎风光。

走进酒店，复古砖红色的楼体与当年知青种植的香樟交相辉映，现代欧式风格的建筑配有180度全景木平台，美好风景一览无遗。酒店以轻奢路线打造温馨、人性化的乡村生活，既有中式的古朴典雅，又有现代的别样情调，几乎每一间房都有单独的阳台，宽敞安逸，房间的布置雅致而现代，一整套古朴茶具，各类书品，柔软的沙发，让你足不出户也能度过一段惬意的度假时光。

酒店配有9间高端大气的贵宾客房，你可以躺在大露台的休闲椅上遥望远处山景，也可以躺在大浴缸里畅想未来，还可以躺在宽大的圆床上体验优质的音响效果。在19间被刷上大紫、深红、深绿等大胆颜色的客房里，躺在床上就可以仰望星空，就连卫生间的顶都是透明的，让你感到一种不一样的刺激。还有40多个标间，10多个LOFT套房，总有一款能满足您。

酒店还为客人配备了可以欣赏风景的餐厅、茶艺馆、酒吧、棋牌室、会议多功能厅等，满足旅客休闲度假、聚会轰趴、疗养静修、商务会议等多种需求。安静的氛围能很好地满足各种商务需求，酒店内各个不同规格的场地可通过不同的搭配组合，满足各类会议需求。

酒店的美食更是一绝，你能吃到从水库直接进厨房的当地著名的“船头鱼”，田间采摘来的时令蔬菜，带着自然清新的滋味。午后的时光，一缕温暖的阳光，一壶茶，三五好友，叙旧聊天，或者一个人安静地看书写字，悠闲度过美好度假时光！

“欢庭·蓝莓庄园”酒店（黔东南州麻江）

原生的自然环境，原始的民族文化，原貌的历史遗存……不同于江浙一带的婉约秀丽，黔东南的美带着神秘，麻江“欢庭·蓝莓庄园”正是联众位于贵州省黔东南州的旗下酒店，也是联众最具民族风情的酒店。

酒店位于黔东南州麻江县乌卡坪蓝梦谷景区内，是一个以苗侗文化、蓝莓风情、绿色生态为主题的度假酒店，让人尽享黔东南民族风情。

酒店周围群山环绕，独享一片幽静，美丽的蓝梦谷景致尽收眼底，绵延弯曲的小溪等天然风景，在这里营造出一个独特的世外桃源。

酒店拥有47间客房，采用中西文化合并的混搭风格，装潢十分精致，软式搭配也极其考究，以时尚的现代美式风格为主，融入了苗族、瑶族、畲族、仫佬族、布依族五大民族文化元素，将各个元素通过软装家居、饰品、布艺等呈现出来，以现代元素与少数民族元素结合的独特设计，从当地一众民族酒店中脱颖而出。

酒店内配备有咖啡吧、书吧、中餐厅、会议室、棋牌室、室内温泉、无边泳池等休闲娱乐设施，可满足户外运动、休闲娱乐、团队拓展、休闲度假、商务会议等需求，让你足不出户也能度过一段惬意的休闲时光。

酒店外设有最具诗意的山地自行车赛道，有最富氧离子的山地嬉戏游乐项目，休闲时光与郊外野游得到完美结合。

"欢庭·在云端"航空主题酒店(杭州建德)

"欢庭·在云端"航空主题酒店位于中国首个通航旅游文化产业示范基地——浙江建德航空小镇内，由原横山钢铁厂4处闲置房屋改造而成，依托小镇内现有的航空运动休闲旅游业态与氛围，以极简的思路打造科幻空间。

酒店周边业态丰富，可以体验高空跳伞、3D裸眼影院、航空博览馆、热气球等飞行项目和玉温泉、汽车公园、蔬果采摘等休闲项目。目前，酒店以航空创意主题为特色，拥有航空主题特色客房69间，配备青少年体验营、会议室、休闲茶吧、静吧、特色水床等各类设施用房，"在云端"还为旅客提供创意居住、餐饮、娱乐等服务，酒店即是旅游目的地，不管是大人还是小孩，都能在这里找到属于自己的乐趣。

客房整体设计风格凸显航空特色，融入航空3D画、飞机模型、热气球等元素，墙面上绘制了漫天星系，床头灯也被设计成行星状，抬头就能见到蓝天和飞机的螺旋桨，连床位都变成了一个个独立的太空舱，还有各种好玩的飞机模型，从而打造出一个以航空为主题，集声光电、多媒体等特效于一体的度假综合体。

住的有趣，吃的更有风味！酒店大厨结合建德菜湖鲜与土菜的特色，用应季食材打造独属于“在云端”的新安江畔美食，烹调出浓汤有机鱼头、石斛老鸭煲、红烧棍子鱼等舌尖上的美味，保证惊艳你的味蕾。

“欢庭·下南山”原始村落酒店（丽水莲都）

“欢庭·下南山”原始村落酒店位于丽水市莲都区碧湖镇下南山古村落，酒店依山傍水，毗邻浙江第二大江——瓯江，卧于杨梅山之山腰，四时青翠，四季花开，梅子黄时更有漫山遍野的黑炭杨梅可尝，出则繁华，入则寂静，真可谓是世间桃源。

目前酒店已拥有50余间风景不尽相同的客房，而每间客房又与院子连通，形成一房一特色、一院一景观的风格。遍布于整个酒店的大小会议室、特色餐厅、咖啡吧、图书馆、剪纸非遗馆、室外儿童游戏区、山顶泳池等配套设施，可以满足住客的不同需求。

“欢庭·丰义星院”酒店（嘉兴海盐）

“欢庭·丰义星院”村落式度假酒店位于嘉兴市海盐县通元镇，在浙江省3A级景区村丰义村内。这里地处沪杭宁经济圈中心，空气清新，阳光充沛，田园风光秀美，青山、碧湖、河流、稻田、花海、茶园，虽地处杭嘉湖平原，却有独特的自然风景，浓厚的乡村文化气息和民俗特色更是为酒店增添了别样风情。

“宅中有园，园中有屋，屋中有院，院中有树。”这可以说是对酒店最好的阐述。酒店内设有14幢江南特色宅院，白墙黛瓦、古色古香、充满江南水乡独特韵味的建筑群，犹如一幅水墨画般隐秘于田野间。酒店整体依水而建，择田而居，最大限度保留庭院面积，在院落间穿行，可以看到橘子树、柚子树、无花果树、桃树……家家有院，户户有田。夜里抬头可见繁星闪烁，日间不出宅院便可躬耕于田园，尽享鱼米之乡的富庶和怡然。

酒店采取院落式设计和运营，每个院落里都有高大的果树，有精致的小菜园，每个院落都有自己的特色，但又保持乡村的原有味道。这也是联众打造村落式度假酒店的首个样板。

同时，酒店还提供芬兰浴小木屋、迷你农场、健康小屋和特色餐饮等配套服务，致力于为旅客提供最优质的服务。

“城仙居·乐龄大洋”酒店（杭州建德）

“城仙居”作为联众旗下乡村康养社区品牌，浓缩了“城里人在乡村过着神仙一样生活的第二居所”的品牌内涵，是联众对“乡村健康空间创造者”的有力实践。

“城仙居·乐龄大洋”位于杭州市建德市大洋镇高垣村，酒店周围溪水流经，空气清新，鸟语蝉鸣，蜿蜒的山间道路，云雾缭绕的山野村庄，附近更有华东最大的梯田，田园风光极其壮美，自然淳朴的民间风情更是让人流连忘返，身心爽畅，能让人全情体味休闲、养老、神思驰骋江南的美妙意境。

大洋项目创新定位于“颐乐生活范本·健康养老家园”，用乡村田园的方式承载老年人休闲养生居住需要，依托于高品质的自然康养环境，全新植入24小时健康管家、远程医疗、三甲医院绿色通道等5G高科技服务，配套酒店内健康餐厅、自助式洗衣房、专用晾晒区、生活超市、健康小屋、休息娱乐阅览室等生活设施，通过给入住者提供创新的养生养老服务，为所有旅客提供一个愉悦的适老空间，打造和谐的人与自然、人与人之间的社区文化，让他们老有所养、内心丰盈。

后记一

十年方识余学兵

朱子一

没有人比余学兵更适合做乡村旅游度假这件事了。

当他站在浙江省人民大会堂发言席的聚光灯下时,他是国内知名的乡村旅游度假公司的老板,称为“行业教父”,一点也不为过。

当他站在田地里时,他是一个一脸憨相的浙西农民。他肤色偏黑,短发,精干,一定是庄稼地里的一把好手。谁家女儿嫁了这样的小伙子,一定全力持家,日子过得有滋有味。

当他站在浙报集团的大院里时,他是文人圈子里的一员,喜欢舞文弄墨,喜欢与人对话。甚至在他离开媒体圈创业10年之后,他还在《杭州日报》开了一个专栏,专门写他的乡村旅游见闻。

之所以他很合适,是因为这个行业需要连通城乡,在国家大政方针、地方习惯做法、农民利益和意愿之间,纵横捭阖,做出妥协,寻求突破。这种长袖善舞的工作,只有这样多种角色集于一身的人才有可能完成。这种奇妙的身份转换,有时与记者特别像,上天入地,无所不能。这可能与余总创业前出身于媒体,多少有些关联。

之所以他是“教父”,是因为他一直在创新,一直在为行业探路。每做出一个成熟的模式,别人赶上来复制,他赶紧离开再去创新。

这也像极了记者——从来不愿意重复自己,一生都在寻求创新和突破。

但生意往往是老刀子剁肉——只要剁得动,赚钱是第一位的,不要总换没开刃的刀片。模式创新,那是学者事后总结的,是在现有市场上无力竞争的创业者干的事情。

所以余总的联众能够活到现在，且发展壮大，不能不说是一个奇迹。因为在商场上，前浪死在沙滩上，实在是太大概率的事件。

虽是同行，但我进浙报集团时，他已经出去创业了，我们第一次见面还是别人介绍的。那时他还青涩，跟我讲他与农民合作建房，讲这有利于增加农民财产性收入，是盘活农村优质资产的途径之一。就跟绝大多数创业者一样，谈利他多，谈利己少。

当然，多从合作伙伴的角度出发考虑问题，既是做人的品质，也是商业成功的窍门。只是我对他的这个项目缺乏足够的认知，因为那时还是大力推进城市化的阶段，农民还在想办法进城，联众模式实在是过于超前。

但有两件事改变了我的看法。一是上海人对这个项目的热烈拥抱程度超出了预期，概因上海老龄化和城市化的程度远较其他省份要深。二是时间不久，一批浙江籍的大学毕业生，因为毕业后无法在农村落户而有投书媒体之举，这让我意识到，农村的价值正在被发现，且在浙江这样的发达省份，其价值很有可能已经超过城市。市场从来都是用脚投票的，我们看一个人，不要看他怎么说，而要看他怎么做。既然大学毕业生都吵着要落户农村，且农村还拒绝接收，那一定是有道理的。

这让我意识到，余学兵已经走在绝大多数人的前面。机会一定是留给那些先知先觉的人的，后来者只配"吃土"。

后来，我作为一个若即若离的见证者，不敢质疑他的商业模型，偶尔有市场推广方面的合作。看着他在政策的边缘阔步前行，看着他被资本看中，看着他羽翼渐丰。有一次，我提到某个项目最近很火，他很仔细地给我分析，这其实是一种金融玩法，是高风险的事情。

原来，余学兵对用户的想法是这样的：他不玩虚的，怕伤害用户，也怕最终伤害自己。

现在很多人做商业，只图一时爽，哪顾得后面洪水滔天。最近几年，各种以理财、投资为名的项目，顺走了多少老年人的养老金。作为深耕老年市场十几年的联众，却对此保持着足够的警惕，能不让人肃然起敬？

有段时间，我想学习联众的社群运营，他把我拉到了几个联众的用户群里。看着看着，我就发现很有趣的一件事：往往在大半夜，工作人员已经下班，偏偏有用户提出某项疑问，直接@余学兵，此时余总基本上都会出来答疑。

我想，一家集团公司的一把手，给某个具体的用户答疑已经够奇特了，而大半夜值守微信群，又是怎么回事？

后来我自己创业，常对同事说，要么余总管理不善，事无巨细都得亲自过一遍；要么余总对用户极端重视，用户第一到废寝忘食。我想是后者，因为联众的日益壮大，前一种假设已经证伪了，那么只能是后一种。

因为不是所有人都能马上找到他，至少我很难。2015年时，我在余杭径山下双溪漂流边置地建房，请他过来把关，约了半年有余才成行。

我花了3年时间建了民宿“止溪”，余总看后说，如果没有精力经营，联众可以代运营，于是，“止溪”又成了联众旗下输出运营管理模式的第一批民宿。

这10来年间，我从一个媒体观察者的角色到民宿运营者，再到老年互联网创业者，经历了两次半角色转换，每次都与余学兵有关系。开始是报道者的角色，然后是小小的行业参与者，然后是商业合作者。联众有用户俱乐部性质的慢生活学院，这与我创立的百乐萌项目有业务关联。再后来，百乐萌作为一个互联网流量平台，与联众的运营开展了深度合作，于是，余学兵与我的私人关系又延伸到联众与百乐萌的关系。

这一段或深或浅的关系，可以如此绵长地保持，且在不同情境下总能找到合作点，我有次开玩笑说，余学兵简直就是个到处预留了接口的流量平台，只要你想跟他合作，总有一个接口可以对接上。

祝福联众，祝福余总！希望有更多的人，能够在他的接口上找到有趣的人生或生意。

后记二

花开中国

余学兵

2018年1月,我应西安市委中心学习组的邀请,给全市党政干部做以《乡村振兴战略下的乡村旅游发展》为题的乡村振兴主题报告,从乡村旅游概念、乡村旅游分析、乡村旅游产品、乡村振兴战略、美丽乡村运营、乡村发展趋势六方面进行了深入探讨与交流。

报告会以电视电话会议的形式召开,1000多名全市各级领导干部在主会场听讲,市委市政府及各区县、西咸新区、各开发区设分会场。据说总听讲人数达到7000人左右,影响力之大、影响范围之广,还是出乎我的意料。

这个原定3小时的报告最终持续了4个多小时,会议末尾还增加了互动环节,我与西安市各区县、局办等主要负责人就乡村旅游、乡村振兴等问题进行了深入交流,现场回答了10余位领导的提问,问题也很尖锐,很有深度,都是他们在实际执行过程中面临的实际问题,也引发了我的思考,成为互动学习的过程。

这两年,我不敢说自己成为政府的座上宾,但从东到西,被政府邀请去讲座的日程,的确比较密集。无论是联众的乡村振兴理念,还是实践,都在中国遍地开花。

这个现象与乡村振兴这个议题的升温直接相关,要是在十几年前,做乡村旅游度假的,走路不涉险,已经是烧高香了,遑论被政府高调认可。

在西安做的这个报告是我乡村振兴系列报告演讲的一部分。我个人之所以对这个报告印象很深,是因为西安对乡村振兴的重视。报告结束后,时任西安市委书记王永康特地让秘书帮他加了我的微信,在微信里向我表示感谢,并希望我能更多地给西安乡村振兴出谋划策。

西安的报告会非常成功。《西安日报》、西安电视台等多家媒体报道了这次会议,新浪网、浙江在线等网站也纷纷发布了相关文章,《西安晚报》更是用了近一整版刊登这次演讲的内容和经过。在西安历史上,官方媒体以如此规模报道一个企业的演讲,应该是不多见的。

关注大西安农民节

西安晚报

责任编辑 曲琴芬 视觉编辑 轨玉甲
组版 曲琴芬 校对 田云

美丽乡村如何留得住乡愁

——访浙江联众休闲产业集团有限公司董事长余学兵

大西安农民节今日开幕,应省委常委、市委书记王永康邀请,浙江联众休闲产业集团有限公司董事长余学兵来到西安,并在大会上作主旨发言。日前,记者对这位浙江乡村旅游的带头人、从事民宿行业多年的乡村建设"实战派"专家进行了专访,请他为西安的美丽乡村建设建言献策。

大西安农民节
为"新时代农民"发声

"能收到王永康书记的邀请,来参加大西安农民节,我很欣喜也很荣幸。"余学兵说,党的十九大报告中明确提出,实施乡村振兴战略,要坚持农业农村优先发展,按照产业兴旺、生态宜居、乡风文明、治理有效、生活富裕的总要求,建立健全城乡融合发展体制机制和政策体系,加快推进农业农村现代化。西安市委、市政府在这一背景下,提出举办大西安农民节,是适时且有必要的。"乡村振兴战略,归根结底还是要落到广大农民身上,农村产业发展的最终目的,也是让农民富起来、生活好起来。"通过设立农民节,让全社会更加关注农民群体,营造一个支持农村发展,关心农民生活的社会氛围,对于推动美丽乡村建设和乡村振兴战略,都有积极意义。

"我仍然记得三十多年前,改革开放初期,'农转非'是一个十分流行的词汇。很多生活在乡村里的人,想尽各种办法要做'城里人'。"余学兵说,过去人们对于农民的印象,总是面朝黄土背朝天,辛勤劳作却收入不高。时过境迁,如今的情况却有了大的转变,"我身边的很多城市居民,开始想方设法回农村,想要重新做农民了。"在余学兵看来,"新时代的农民"不仅需要勤恳实干,也要有知识、懂科学,善于创新,他们才是农业现代化和乡村振兴的主力军。"而农民节的设立,就是要为'新时代的农民'发声,让全社会看到新农村和新农民的变化。"

从输血到造血
打造真正的美丽乡村

2004年,余学兵和他的团队以浙江杭州为圆心,在周边农村创立了自己的乡村度假品牌,经过十余年的发展,联众集团已拥有10余个乡村度假村、200余幢独立民宿及多个乡村度假综合体。他创建了"酒店+众创"联众模式,通过自建、收购、合作、租赁等经营方式,把乡村闲置资源打造成极具独特吸引力的"乡村度假综合体";创办了"慢生活学院",为都市人推出"慢友会",实现旅游度假私人定制,让人们能放慢脚步,享受生活;创立了"城仙居"、"欢庭"等更适合国人度假的乡村度假品牌,并在全国风景名胜点建立度假物业,形成了庞大的乡村休闲度假连锁体系,向城市居民提供更专业、更舒适、更经济、更完善的乡村休闲度假服务。

浙江联众休闲产业集团有限公司董事长余学兵 受访者供图

在余学兵看来,美丽乡村的核心是"美",但这个"美"有着多重意义。"要想让一个村落看起来美并不难,只要下大力气整治改造就行,但要真正把农村产业发展起来,让乡村不仅宜居,还要'留得住乡愁',却不是一件简单的事情。"余学兵说,除了对农村硬件设施的改造提升外,更需要升级的,是乡村旅游资源的开发管理模式和农民的思想观念。"物质文明改善了,精神文明也要跟上。"

目前,联众集团正在浙江、海南的部分村落实践美丽乡村的"运营模式"。"建设有可能是政府行为,但运营是市场行为,是常态化、可持续的。"他表示,这一模式将农民手中的房屋、土地折成股份成立合作社,联众以市场资源和资金入股,与合作社联合成立村庄运营公司,并由联众主导公司运营,各方按照股份比例享受分红,完成从"输血"到"造血"的转变。"乡村旅游开发是一个很复杂的命题,要将农民考虑在第一位,只有找到政府、企业、农民都能获利的开发管理模式,才能打造'多赢'局面,推动乡村旅游产业的可持续性发展。"

避免同质化
在挖掘文化上做文章

"西安周边的乡村,拥有得天独厚的历史文化资源,要搞好乡村振兴,还是要在挖掘文化上做文章。"余学兵坦言,西安目前周边不少农村旅游开发的情形,和从前的浙江有些相似。"浙江早期的乡村旅游是以农家乐、农庄等初级乡村旅游产品为主,主要满足一些中老年游客避暑、养生等需求。然而现在,80、90后一代才是乡村旅游最大的消费群体,他们的最大特点是消费能力旺盛,但追求品质和个性化,愿意为有特色、有设计感、有个性、有故事的商品买单。"为此,余学兵对联众旗下的民宿品牌进行了细分,针对不同客群推出不同定位的民宿产品。"有面向中老年客群的农家乐,有高端个性、本土化的民宿,也有亲子家庭农场。此外还有更大规模的乡村度假综合体,不仅具备民宿的特征,也因其拥有城市酒店的舒适,齐全的配套设施而被市场热捧。"

"在乡村旅游开发建设中,如果只是将一种模式不断复制,难免会陷入同质化的怪圈。要跳出这个圈,需要在开发过程中融入更多创意和思考。"余学兵表示,西安历史文化是"不可复制"的,要找到好的切入点,同美食、周边纪念品相结合,展示每个村落独有的文化主题。"同时要利用政策扶持和产业优势,吸引更多的本土年轻人回乡创业、工作,让受过教育、了解家乡的年轻人,尤其是年轻大学生找到立足点,参与到家乡建设中,真正建设好'留得住乡愁'的美丽乡村。"

记者 蒋黛

大西安首届农民歌手大赛在高陵举行

农民歌手歌唱美好新生活

本报讯(记者 赵辉)3月17日,大西安首届农民歌手大赛在高陵区高陵宾馆会议厅隆重举办。20位来自各区县和开发区的选手一展歌喉,用他们的歌声歌颂美好的新生活。

本次农民歌手大赛是西安市文化广电新闻出版局为配合大西安农民节而开展的系列活动之一。各区县和开发区进行了初赛,在此基础上,市群众艺术馆组织专家进一步筛选,最终选定13支代表队的20名优秀选手进入决赛,并决出了一、二、三等奖。

歌手们以歌唱祖国、歌颂社会主义新农村建设为主题,唱出了广大农民积极乐观、健康向上、追求美好生活的精神风貌,营造了浓烈的敬农、爱农、助农氛围。选手们精彩的演唱将大赛一次次推向高潮,现场成了一片欢乐的海洋。演唱结束后,现场群众久久不愿散去,纷纷表示,这次农民歌手大赛非常精彩,由农民唱,唱给农民听,让他们真切地感受到了文化的力量和情怀!

《西安晚报》的相关报道

就这样,我跟西安市委主要领导一样,一夜之间成为西安市人人关注的名人。甚至很多人都知道我喜欢西安的面食,因为有记者采访我,问我对西安的第一印象是什么,我说西安的面很好吃。第二天《西安晚报》的整版报道中第一段就出现了这样的话:“西安的面真是好吃!联众休闲产业集团有限公司董事长余学兵赞不绝口。爱吃面食的南方人并不多,而他似乎对西安的一切都很适应,并且兴趣非凡。”

会议之后,西安市政府开始与我们商讨进一步的合作计划,包括到西安做一些乡村项目的投资。

第一届大西安农民节在2018年3月召开,我再次作为嘉宾被邀请到现场。面对《西安日报》记者的采访,我表示:“乡村振兴战略,归根结底还是要落到广大农民身上,农村产业发展的最终目的,也是让农民富起来、生活好起来。通过设立农民节,让全社会更加关注农民群体,营造一个支持农村发展,关心农民生活的社会氛围,对于推动美丽乡村建设和乡村振兴战略,都有积极意义。”

说这番话是有其背景的。我仍然记得40年前,改革开放初期,“农转非”是一个十分流行的词汇,很多生活在乡村里的人,想尽各种办法要做城里人。过去人们对于农民的印象,总是面朝黄土背朝天,辛勤劳作却收入不高。如今的情况有了大的转变,我身边的很多城市居民开始想方设法回农村,想要重新做农民了。“新时代的农民”不仅需要勤恳实干,也要有知识、懂科学,要善于创新,这样他们才能成为农业现代化和乡村振兴的主力军。而农民节的设立,就是要为新时代的农民发声,让全社会看到新农村和新农民的变化。

西安能开全国之先河给农民设立节日,是一个很了不起的壮举,不知道后来国家设立农民丰收节是否受到西安农民节的启发。

这次的西安行,我开始接触和了解到更多的关于西安乡村的资源。之前我对西安的印象一直停留在古老的城市和一马平川的关中平原上,而当我走进秦岭深处后才发现这里竟然有着绝对不亚于浙江的好山好水好空气，我也开始对西安的乡村度假资源有了新的想法。

2018年6月，西安市委按照中央要求编订《西安市乡村振兴战略规划》(简称《规划》)，市领导希望这份《规划》能够提出一些真正可以实施的计划，既要符合西安的实际，又要大胆借鉴浙江等地的乡村振兴先进经验，还要有很强的可落地性，而非仅仅成为一份政策上的书面文件。

东西部地区之间的差异的确非常大，由于之前没有过案例，当地团队要做这样一份规划是相当困难的。而联众恰恰在实践方面经验颇丰，又与国内政、学等界有着非常良好的合作。于是，西安市政府让我来组建西安乡村振兴战略规划团，为了完成好这份重任，我还邀请了浙江省内其他几名有一定经验的领导、专家，共同完成这份战略规划，为整个“大西安”未来五年的乡村振兴规划及具体项目提出建议。

一开始，由全国著名“三农”问题专家、浙江省农办原副主任顾益康担任专家团团长，来自浙江大学、浙江省社科院以及乡村振兴各个领域的专家方振平、周永广、何水平、徐伟兵、李波等作为专家组成员，但后期顾益康先生由于身体不适无法经常赴西安，就让我来担任专家团的团长，可以说联众作为一家企业，又同时做了一回智库。

由此，我开始了频繁前往西安进行考察的生活。整个2018年，我平均每个月都要去一次西安。

这本《规划》的编制前后花了6个多月完成，在此期间，我们提出了不少新理念。比如，近年来可能很多地方都在提“乡愁”，但以顾益康为首的专家团队首次提出了“乡愁产业”这一概念，并被我们作为一个重要章节编订进《规划》。

此外，我们还设置了很多更容易落地的项目。2019年3月，这本《规划》完工之后，西安市政府发聘书聘请联众为“大西安乡村振兴规划团队”，聘请每位编制成员为大西安乡村振兴规划团队专家。那之后，西安市各个区县在进行战略规划时,都会主动邀请我们共同做调研,提建议。

而联众作为一个整体被西安市政府聘请为“大西安乡村振兴规划团队”,并由政府以文件形式发文要求各级政府和各部门“积极主动与聘请的规划团队和专家沟通联系,虚心请教”——这也是一个很稀罕的提法和做法,这也充分体现了西安市政府在这方面的大胆与干部思想的突破。

在编制《规划》的过程中,我到西安及其周边的小城市,特别是秦岭一带的蓝田县、长安区等考察过很多次。在这一过程中,我与位于秦岭腹地的蓝田县政府的工作人员进行了深入交流,得知蓝田县也正在为其民宿产业的发展做规划,于是我们的团队也参与到这一规划项目当中,为政府出谋划策。

蓝田之于西安,正如同良渚之于杭州。良渚是中华文明的发源地之一,而距离西安市中心只有1小时以内车程的蓝田,风景优美,历史底蕴深厚,是100多万年前蓝田人的活动区域,被列为中国“四大名玉”之一的蓝田玉也是此地的一大特色。

于中国人而言,这两地均可称为“摇篮”。

可以说,从经济、文化、交通等各个方面来看,蓝田都有着做“周末经济”的得天独厚的条件。这也正应和了蓝田之前的口号:“星期天,到蓝田。”

经过与蓝田县政府深入沟通,我发现,蓝田县民宿产业的发展不需要宏大叙事的战略规划,只需要有鲜明的主题和目标。我们曾在《规划》中提到,当时西安市委市政府对蓝田提出了打造“陕西省民宿专业县”的目标,要将其打造成整个中国西北部地区民宿规模最大的县,用3年时间打造30000张床位。

但是,我们也发现当地乡镇领导并不是很了解民宿的概念,对目标的理解也十分模糊,他们觉得30000张床位几乎是不可能实现的目标。

经过我们团队对蓝田民宿现状的深入调研,发现当时整个蓝田县的农家乐其实已经拥有床位5000张左右,而这些都没有被蓝田县政府计算在内。

于是我在一次蓝田县的民宿产业研讨会上建议蓝田县政府提升农家乐品质，直接将其升级为民宿，这样一下子就有了5000张床位的基础。因为就产品本质而言，这两类产品是很接近的，通过提升改造，是可以进行转化的。我也对浙江民宿的发展做了分析，浙江省曾经有大量的农家乐，前几年政府提出改造提升，目前几乎没人再称农家乐了，都称其为民宿。其实，农家乐就是真正的民宿，是最符合民宿标准的：用农民自家房屋作为经营主体，农民自己就是经营者，房间在15个以内，面积不超过800平方米，等等。

听了我的解释后，在现场听我演讲的县委书记、县长以及其他领导立刻感到信心倍增。我继续介绍说，民宿产业一旦得到推动，原本5000张床位集中的区域还会进一步发展，完全有机会增加到10000张床位；周边城镇看到趋势之后，亦会进一步推动。随后，蓝田县开始委托我们给全县绘制一份民宿发展作战图，之后又委托我们编制《蓝田县民宿产业发展规划》。

我对西安的认识也因为两次规划任务而越来越深刻，而我在乡村振兴领域的研究也随着在西安的系列工作开展得更深了。

其实，早在2009年，我就发现联众模式已经在中国西部开花结果，只不过联众模式被进行了改造，并改了个名称叫"九思模式"！

那是汶川大地震之后，浙江省于2009年开始对口援助四川省青川县的灾后重建工作，联众也受浙江省援建青川灾后重建指挥部的邀请参与。有次我们在成都市委宣传部领导的带领下到上海负责援建的都江堰参观，并到当时受灾最严重的一个乡进行调查。当时乡里的书记来接待我们，和我们讲："你们浙江有个'九思模式'很有名，都江堰现在的重建模式就是向你们的'九思模式'学来的。"

何谓"九思模式"？我吓了一大跳，细究之下才发现其实就是联众模式最初起步的天目山九思村模式！

而这个"九思模式"，在联众，就是联众最早与农民们合作建设的"城仙居"模式。因为当时四川这个乡里的书记曾到我们在西天目山最早运营的九思村参观，九思村的发展状况给他留下了十分深刻的印象，参观者不知联众，只记住了村名，所以就干脆把这一模式称为“九思模式”。

得知都江堰的重建竟是受了联众的影响，我也感到十分惊喜。不过细想起来，在当时那个阶段，全国各地的乡村建设领域的领导干部不少都曾学习过联众模式，我们也接待过不少成都的大小领导。在灾后重建的过程中引入这一双赢的模式，倒也是意料之中的。

成都是全国统筹城乡综合配套改革试验区，在政策上比浙江更灵活。在学习联众模式的过程中，他们也加入了自己的改造。在灾后重建的过程中，企业在帮助当地农民建好房子之后，一半还给农民，一半由企业自己使用，这样双方的产权都更加清晰。在这种模式下，大量成都人开始到都江堰建房，都江堰的灾后重建工作得以迅速完成。所以，都江堰的援建模式其实就是联众模式的升级版。

当地的一份文件列出了都江堰灾后重建的十种模式，最为人所推崇的，就是大观茶坪模式：运用“联建”政策，实现一、三产业互动。

具体而言，都江堰的联建模式就是结合农村产权制度改革的成果，利用依山傍水的优美旅游环境和完善的基础设施优势，积极引入社会资金采取联建方式进行灾后重建，并在联建过程中突出后续产业发展，布局未来乡村连锁酒店业，构筑村民可持续增收平台，有效推进灾后重建与产业发展的统筹布局。

这也意味着，当地将地震形成的灾难，变成了政策和实践改革的契机！

正如2008年8月12日新华社专电报道的那样，都江堰政府部门直接出台政策，鼓励社会资金积极参与都江堰景区内农家乐重建工作，明确社会资金如参与宅基地审批合法，产权归农民自有的灾后农家乐重建，“投资者可与农家乐所有者共有产权”。

要知道，社会资本能够与农民共享产权，这是多少资本梦寐以求的大好事呀。要知道，直到现在，这个口子也依然没有放开，都江堰还是独一份，可见中国农村改革之难！

当然，重大改革几乎毫无例外都是被逼到绝路上，置之死地而后生的产物，只要日子稍微好过，改革就停滞了。当时的情况是，据都江堰市旅游局了解，灾后都江堰农家乐几乎全部受损，仅有几十家营业。重建后，都江堰要打造以青城山为核心的田园风光旅游组团，农家乐在其中占有重要比重。

为解决资金短缺等困局，当地出台政策：社会资金如果参与在城镇规划区以外灾毁农家乐的原地自建，且农家乐宅基地为政府审批合法，产权归农民自有的，则投资人在提交相关证明文件后，都江堰市房管局将按农村产权制度改革的办法以及农户与合作投资者的约定分割农村房屋产权或办理房屋共有产权，并且免收所有办证费用。而且，这个产权还可以在成都市范围内交易！

想当年，我以公益之心创立"九思模式"，也是因为实在无计可施才想出来的。所有的进步都缘于艰难困苦，玉琢成器。

联众创立的"九思模式"，亦即上海人口中的"城仙居"，为那个时代贡献了太多概念与经验。在那个人人都以为新农村建设完全是政府责任的年代，我们最早创立了由市场带动新农村建设的联众模式，亦引起了全国多地政府部门的学习与效仿。

从人口分布来讲，胡焕庸线以西跟以东完全没法相比，所有的市场重点都应该投在东部。但联众模式竟然能够跨越这条线，在西部地区也能开花结果，这充分说明农村的开发已到了压力的顶点，稍有政策和市场上的推动，就能焕发出蓬勃生机。

近年来，不少中西部城市发展迅速，大批"网红城市"如雨后春笋般涌现，在这一过程中，浙江的新农村建设模式功不可没。回顾自己奔波于中国乡村的创业之路，我亦为联众模式在全国多地产生这样巨大的影响而深感荣幸。

由此，我萌生了想要创作本书的想法——愿将联众之路完整讲述，惠及天下。个人的创业成功与挫折,均是后人的经验和教训。我愿将自己毕生的经验分享于世人,亦将这些教训作为警醒,无所讳言,真实呈现。

这本书的出版,得到了各界朋友的大力支持,尤其要感谢政策的开明,才有了联众;感谢这个伟大的时代,才有了联众的机遇;感谢联众家人,彼此疼惜,一起走过。